JN410169

느끼며 살며

느끼며 살며

강찬중 수필집

수필과비평사

■ 책머리에

세 번째 수필집을 내며

첫 수필집 ≪내가 선 자리에서≫는 멋모르고 시작했고, 두 번째 수필집 ≪하얀 바다의 명상≫은 시간이 지나 낼 때가 되었다고, 세 번째는 이제 황혼에 서서 정리할 시간이라고 변명을 찾습니다.

늘 '글 같은 글' 한 편을 소망하지만 그게 쉬운 일이 아닙니다.
10여 년간 여러 문예지에 던져진 이삭들을 모았습니다.
비록 그게 어쭙잖더라도 그대로 제 삶입니다.

어둠의 실체가 빛이듯 그 긴 세월 언저리에는 기쁨과 슬픔, 부끄러움과 뉘우침, 그리고 침묵도 따라 다녔습니다.

모두를 내려놓았습니다.
'내 탓이오.' 라는 울림으로 정개定改합니다.

그럼에도 불구하고
"그래도 고맙습니다!"

그러고 나서, 언제일지는 알 수 없지만
그 어느 날, 웃는 모습으로
아름다운 무지개를 건너
'영원한 새 삶'을 희망합니다.

그리고 남은 여백은
언제나
감사함이 가득하기를 소망합니다.

2011년 7월
벽천 강 찬 중

| 차례 |

제Ⅱ부 산다는 것 그 의미

제Ⅲ부 사랑하는 사람들

제Ⅳ부 잘 놉니다

제Ⅴ부 마지막 빛깔

제 I 부

아침은 소리로 열린다

겨자씨만 한 소리의 씨앗이 세상의 바다에 물무늬를 일으켜 부스스 잠에서 깨운다. 동산이 불그무레하게 물들어 오는 이 시간은 그래도 사랑의 말을 하고 싶어하는 희망이 넘치는 아침이다.

-〈아침은 소리로 열린다〉 중에서

물 그리고 그 소리

물은 생명이요, 죽음이다. 물은 산소와 수소의 결합물로 색이나 냄새, 그리고 맛이 없는 액체이다. 일정한 부피는 있으나 일정한 모양을 갖지 않는다. 그는 입이 좁거나 넓거나, 목이 길거나 짧거나 어떤 모양의 그릇도 다 수용하고 안긴다. 어디 그뿐이랴. 그는 가없이 넓고 큰 바다도 그득하게 메운다. 인간이 어찌 그 포용력을 따라갈 수 있으랴.

우리는 가장 중요한 것을 잊고 살 때가 많다. 소나무 분재 한 그루를 가지고 있었다. 그 분야에 전문가가 못 되어서 관상하기보다는 살리는 데 더 매달린 셈이다. 방 안에서는 생육조건을 맞추어주기가 힘들어 화분째로 손바닥만 한 마당에 심어두고 가끔 웃

자란 가지나 잘라줄 뿐 그대로 자연에 맡겨 두었다. 금년에는 아파트로 이사할 계획으로 지난가을에 서툰 솜씨로 분갈이를 하였다. 그 뒤로 색깔이 점점 연한 빛으로 변하더니 말라버리고 말았다. 어떤 이는 물을 너무 많이 주어서 그렇게 되었다고 진단하였다. 관리를 잘못하여 나무를 죽여버린 죄책감이 오랫동안 남아 있었다. 인체도 약 70%가 수분으로 구성되어 있고 그 중에 10%를 잃으면 생리장애를 일으키고 20%를 잃으면 죽게 된다는 연구도 있다. 만일 이 지구상에 물이 없다면 모든 생물들은 어떻게 될까.

근년에 프랑스를 비롯한 몇 나라를 여행한 적이 있었다. 비록 한정된 지역이긴 하지만 음용수 문제로 불편을 겪었다. 자연수를 그대로 먹을 수 있는 나라는 거의 없었다. 물론 우리나라도 오염 때문에 수돗물도 안심하고 먹을 수 없어 정수기를 설치하여 걸러서 먹기도 하지만 아직도 깨끗한 산하를 자랑으로 삼는다. 여름날 산행에서 땀을 흘리고 나서 갈증을 달래기 위해 계곡에서 흘러내리는 물을 두 손으로 떠 마셔보라. 그 고마움을 느낄 수 있으리라. 기독교에서는 물로써 세례를 베푼다. 그것은 인간이 죽음으로써 새 생명으로 다시 태어남을 의미한다. 그런 상징적인 의식을 제쳐놓더라도 물은 삶과 죽음과도 직결이 된다. 오랜 가뭄 끝에 내리는 비를 단비라고 한다. 모든 생명체에게 생명을 부어주기 때문이리라. 올여름에 찾아온 태풍 '루사'의 피해를 상기하면서 '가뭄 끝은 있어도 장마 끝은 없다.'는 속담도 다시 생각하게 된다. 모든 걸 쓸어가 버렸다. 평소에 그렇게도 온화한

성품을 지녔던 사람이 노기를 표출할 때의 정황을 그려보면 짐작이 가리라. 부드러움이 항상 그대로 존재하지 아니함을 가르쳐 준다. 지난해 소백산맥의 큰 봉우리인 삼도봉을 오른 일이 있었다. 이곳을 오르는 여러 갈래의 길이 있지만 물한계곡을 지나는 등산로가 있다. 그곳은 나무숲이 우거져 그 경관도 일품이었지만 계곡을 흐르는 물소리가 기억에 오래 남아 있었다. 지금까지는 '그저 계곡이 있으니 물이 흐르는구나!' 하고 지나쳤을 뿐이었다.

물은 경사가 심하지 않은 곳에서는 소리를 내지 아니한다. 바위건, 나무뿌리건, 지나는 길을 방해하거나 한 뼘 정도의 낙차라도 생기면 소리를 내며 흐른다. 졸졸거리거나 콸콸거리거나 철썩거리거나 부딪치며 소리를 낸다. 낭떠러지에서는 그 떨어지는 소리가 메아리쳐 들려오기도 한다. 그 갖가지 소리는 말이나 글로는 나타내기 어렵고 그저 느낄 뿐이다. 해발 1,000여 미터가 넘는 산을 오르면서 때로는 세차게, 때로는 가냘프게 그 소리를 들을 수 있다는 것이 신기하기까지 하였다. 나무나 흙이 물을 품고 있다가 조금씩 내보낸다고는 하지만 믿겨지지 않는다. 문득 얼마 전에 가서 본 '산정호수'나 '백두산 천지'가 떠오른다. 그 정상에 호수를 만들고 큰 물줄기를 쏟아 붓고 있었다. 물은 '그 높은 산정에서도 솟아오를 수 있겠구나!' 하는 생각이 미치자 고개가 끄덕여진다. 이런 일들은 인간의 힘으로는 어려운 일이리라. 그 물소리의 여운이 짙게 남아 있어서 다시 물한계곡을 찾았다. 같은 곳이기에 그 물소리도 같을 것이라고 착각을 하고 있다.

물은 자연의 법칙에 따라 낮은 데로 흐른다. 스스로 낮은 곳을 찾아 머물음은 보통의 인간으로는 어려운 일이다. 인간들은 보다 높게, 보다 크게, 보다 많이, 보다 아름답게 등 '보다'에 집착하다가 싸움들이 그치지 아니한다.

흐르는 물은 지나침도 없고 서두르는 것도 없고 쳐다보는 일도 없다. 이와 같은 지혜가 우리 삶의 밑바탕에 자리하고 있다면 산에 오를 때에도 정상을 밟는 데에만 집착하지 아니하고 하늘도 쳐다보고, 단풍도 감상하며, 물소리도, 바람 소리도 들으며 느긋하게 오를 수 있으리라.

사실 산의 높이가 1,000m건, 2,000m건 그 정상에 올라가 보면 표지석 외에는 아무것도 없다. 그저 정상에 올랐다는 그 사실만이 기억에 남을 뿐이고 그나마 얼마 가지 않아 기억에서도 사라질 것들이다. 아마도 정상을 밟고 발아래 있는 여러 봉우리들을 한 눈으로 내려다보면서 '아, 참 좋다.'라고 한 마디 던졌을 뿐일 게다.

물소리는 계절에 따라 다른 소리를 낸다. 얼음 속에서 숨어 흐르는 소리, 소나기처럼 '쏴'하고 거침없이 퍼붓는 소리, 가을 하늘을 닮은 맑고 깨끗한 소리, 고드름을 타고 한 방울씩 떨어지는 소리, 그 소리는 하늘의 소리이고 산의 소리이다.

산을 내려오면서 단풍이 곱게 물들어 있었다. 가을의 맑은 소리를 들으며 물이 들었나 보다. 물소리를 들으며 '자기를 낮추는 사람은 높아진다.' 는 그 말이 떠오르는 건 왜일까.

아침은 소리로 열린다

요즘은 일찍 잠에서 깬다. 할 일이 많거나 마음에 새겨둔 것도 없는데 뒤척이다가 눈을 뜨고 일어나면 새벽 4시경이다. 잠을 잔 시간을 따져보면 두어 시간 더 있어야 표준 수면시간인데도 그게 어렵다. 어떨 때는 억지로라도 누워서 시간을 채워 보려 한다. 3시간 이상 숙면을 하면 건강에는 이상이 없다고들 하지만 …….

입동 절기, 새벽 5시 반. 아직도 어둠이 짙게 깔려 있어 앞을 잘 분간할 수 없다. 옷을 주섬주섬 챙겨 아침산책을 나선다. 특별히 건강을 걱정해서가 아니라 이젠 습관으로 굳어버린 일과이다.

현관을 나서서 엘리베이터 앞에 섰다. 엘리베이터는 맨 위층까지 올라갔다가 내려오면서 층마다 선다. 아마 문이 열리면 조간신문을 스르륵 밀어 던지겠지. 어느 날은 신문이 밀리는 소리에 맞춰 현관문이 열리는 소리도 들린다. 아침 신문이 배달되길 기다리는 사람들이다. 문이 열린다. 이마에 송알송알 땀을 매단 아가씨가 웃음을 띠고 "기다리게 해서 미안합니다."하며 한 뭉치의 신문을 안고 엘리베이터 문 밖으로 나온다. 계단을 따라 내려가면서 배달하려나 보다. 지금은 바쁘지 않은 시간인데도 그 마음 씀씀이가 참 아름답다.

밖은 어두컴컴하여 더듬거리며 계단을 내려선다. 밤새 켜둔 네온사인, 가로등 그리고 24시 슈퍼마켓이 던져주는 빛을 쫓아 골목길을 걷는다.

젊은 부부일까. 옆구리에 가방을 끼고 서로 얼굴을 맞대고 도란도란 얘기를 흘리며 운동화를 끌며 지나가고 있다. 그리 멀지 않는 곳의 일터로 가는 꿈 많은 사람들인가 보다.

복개도로를 지나면 '뼈대 있는 가문' 이라는 포장마차도 보인다. 그 말이 '뭐가 뭐를 보고 빈정댄 농담'은 아닐 거라고 생각하며 저절로 웃음이 난다. 아직까지도 젊은이 네댓이 밤샘을 잊은 것인지 흐늘쩍거리며 얘기꽃을 피우고 있다.

넓은 횡단보도에 섰다. 빨강불이 켜져 있는데 한참을 지켜보았는데도 바뀔 줄을 모른다. 어떤 사람이 다가오더니 "신호등이 고장난 것 같으니 잘 보고 건너세요."라고 일러준다. 오랜 시간 서 있으니 민망한가 보다. 지금까지도 그렇게 바보처럼 융통성 없이 살아왔으니 어디 쉽게 바뀌지랴. 그래도 옆에서 지켜보다가 도와주는 이가 있었으니 그럭저럭 살아왔고 감사할 뿐이다.

구청 뒤 공원을 지나려면 여러 사람들을 만난다. 혼자서도 게이트볼을 하고, 농구도 하고, 공차기도 한다. 한곳에는 둥글게 모여서 아랫배를 두드리며 하나 둘 하며 몸을 흔들어대는 사람들도 있다.

산을 오른다. 손전등을 비추며 벌써 내려오는 사람들도 있다. 정상에 설 때까지도 어둠이 걷히지 않는다. 멀리 구민운동장에서 들리는 에어로빅댄스의 음악이 구렁을 메우고, '야호'하는 함성이 메아리쳐 오면 그 소리에 놀라 동녘에서 무지갯빛 아침이 젖어온다. 곱게 물든 단풍 사이로 시가지가 한눈에 들어와 도시의 집들과 어우러져 한 폭의 그림을 그리고, 서로 다른 소리의 빛깔들이 어우러져 화음을 이룬다.

손바닥만 한 정상에서 두 팔을 벌려 심호흡을 하고 숨쉬기부터 국민체조를 시작한다. 땀이 배어 나온다. 여기서는 누구든 잘 잘못을 개의치 않으니 사람들이 있어도 자유롭다. 높고 낮음이나, 크고 작음이나, 많고 적음이나, 있음이나 없음이 입맛의 대상이 아니니 그저 편안할 수밖에 없다.

얼굴의 땀을 훔치면서 산을 내려온다. 체육공원에서 가볍게 허리 돌리기와 윗몸 일으키기를 하고 비스듬히 세운 의자에 거꾸로 누워 중천에 뜬 보름달과 눈을 맞추며 세상을 굽어보며 던지는 침묵의 소리를 듣는다.

'오늘 만나는 사람마다 사랑의 말을 하리라. 감사와 격려와 칭

찬을, 그리고 마음과 영혼에 생기가 도는 살맛이 나는 말을 하리라. 그래서 사랑받는 사람이 되리라.' 네거리에서 분주한 자동차 행렬과 만난다. 그리고 누군가를 기다리는 사람들과도 만난다. 겨자씨만 한 소리의 씨앗이 세상의 바다에 물무늬를 일으켜 부스스 잠에서 깨운다. 동산이 불그무레하게 물들어 오는 이 시간은 그래도 사랑의 말을 하고 싶어하는 희망이 넘치는 아침이다.

한라산을 오르며

어느 산이거나 오르면 그 높낮이에 상관없이, 그리고 좋건 싫건 간에 내려와야 한다. 이것은 예외가 없는 하나의 순리이다.

친구들이 한라산을 등반하잔다. 제주도는 마음이 끌리는 곳이다. 한라산 등반은 계획을 한다고 그대로 되는 일이 아니다. 어느 해 여름에 한라산을 오르려고 비행기를 탔었다. 그날 밤에 비가 많이 내렸다. 아침 일찍 성판악에 전화를 하였더니 입산이 통제되고 있었다. 그래도 혹시나 하고 등산로 입구까지 갔으나 허락을 받지 못하고 박물관과 시내 유적을 관광하고 돌아오는 비행기를 탈 수밖에 없었던 기억이 있다.

이곳에 오기 이틀 전부터 몸살이 나서 약을 먹었는데 아직도 찌뿌드드하다. 그런데 도착한 날 저녁, 제주에 사는 분이 친구를 초대해서 곁다리로 따라가 자연산 회에다 한라소주를 참하게 걸쳤으니 컨디션이 좋을 리가 없다. 한라산은 기후 변화가 심해 여벌의 옷과 비옷을 챙기고, 또 도시락, 물, 오이 그리고 간식을 준비했으니 배낭의 무게가 만만치 않다.

한라산의 높이-'한번(1)구경(9)오세요(50).'-는 오래전에 깊이 각인이 되어 있다. 8시에 입산하여 백록담까지는 5시간을 잡고, 진달래 밭까지는 13시 이전에 도착해야 정상등반이 허락되기에 마음이 쓰인다. 등산객들이 줄을 잇고 있다. 그 중에는 수학여행을 온 학생들도 있다. 사람들은 활기가 넘쳐 걸음이 빠르고 학생들은 뛰듯이 오른다. 참 젊음이 좋다.

이정표를 보며 시간이 지날수록 처지고, 앉거나 서서 쉬는 횟수가 늘어난다. 아, 그렇지, 지금까지 나이를 잊고 살았다는 생각을 떠올린다. 정년퇴직을 하고 여러 해가 흘렀는데……. 이 정도의 건강도 감사한 일이 아니랴. 오르는 돌밭 길을 천천히 한 발씩 떼어놓으며 제주의 자연에 홀리고 있다. 일행들은 시야에서 멀어졌지만 옆에서 오르고 내리는 사람들이 많아서 크게 외롭지는 않다. 그러나 친구들이 쉬고 있는 곳에 허겁지겁 도착을 하면 또 일어난다. 흡사 바통을 넘겨받는 릴레이 경주를 하는 것 같다.

4시간여 걸려서 진달래 밭에 도착하였다. 새 물병을 따서 한 모금 마시고 걸음을 재촉한다. 해발 1,700m, 한참을 더 걸었다.

백록담까지는 1.7km가 남았다. 정상을 오르는 산 중턱에 알록달록한 사람들의 물결이 줄을 잇고 있다. 여기서는 가파른 계단을 올라야 하는데 가슴이 심하게 펄떡거린다. 계단에 앉아 숨을 고르며 아래로 넓게 펼쳐진 진달래 밭을 본다. 이 높은 산에도 꽃은 피어 있었다.

일행 두 사람이 벌써 정상을 밟고 하산을 한다. 온 힘을 다해 걷고 여러 번을 쉬어서 정상에 도착하였다. 친구들 네댓이 쉬고 있다가 나를 보자 박수를 치고 파이팅을 외치며 환영해 준다. 정상의 모습은 많이 달라져 있었다. 곳곳에 울짱이 만들어져 있었고 한자로 '한라산 정상'이라고 붉은 글씨로 쓴 표지석이 눈에 띄지 않는다. 나무로 만든 장승 푯말에 기대어 사진을 찍고 백록담을 내려다본다. 이 손바닥만 한 바위뿐인 정상과 물도 없는 분화구에 매료되어 그렇게 땀을 흘리며 힘들게 올라왔나 싶다. 그래도 정상에 머무름은 잠시일 뿐 다시 발길을 돌린다.

정년을 한 그해 겨울에 한라산을 오른 일이 있었다. 온 천지가 흰 눈에 싸여 있었다. 그때 백설로 뒤덮인 백록담의 정경을 담고 돌아서니 일행은 저만치 내려가고 혼자 남겨져 이 천 길 낭떠러지를 내려갈 일이 여간 난감하지 않았다. 매서운 눈보라에 눈만 빠끔히 드러내 놓고 앞만 보며 10여 미터를 내려오다가 한 친구를 만났다. 그 친구는 정상의 푯돌을 눈앞에 두고서도 갈 수 없다고 하였다. 그도 그럴 것이 청바지에 내의도 입지 않고 칼날 같은 눈보라를 맞았으니 바지와 다리가 모두 얼어서 발길을 어렵게 하였다. 서로 부축하고 위로를 받으며 1시간이나 더 늦게 출발점에 도착하였다. 그 후로 "한라산에서는 자네 덕분에 살았네."하는 인사를 듣곤 하였다. 그 친구는 벌써 타계하였지만 산행에서는 생각나는 친구이다.

오늘은 혼자다. 끝은 보이지 않고 배낭은 무겁기만 하다. 생수는 다 마시고 약수터가 있는 휴게소까지는 어떻든 견뎌야 한다. 오후 5시까지는 성판악에 도착하여야 하는데 마음은 급해도 걸음을 빨리 옮길 수가 없다. 많은 사람들은 앞서서 잘도 가는데 마음뿐이지 몸은 말을 듣지 않으니 어찌하랴. 한참을 섰다가 걷고 하는 일을 반복할 뿐이다. 그러나 꼴찌에게도 숲 속에서 노루가 서성이는 모습을 보는 행운은 있었다. 약수터에 와서 물로 배를 채우고 다시 한 병을 받아 들고 걷는다. 이제 성판악까지는 0.6km가 남았단다. 핸드폰이 울린다. 먼저 내려간 친구다. 지금 어디에 있느냐고 묻는다. "얼마 남지 않았어!"라고 답하고 피켈에 의지하여 걸음을 옮긴다. 멀리 등산로 입구 휴게소가 보인다. 안도의 한숨이기보다는 걱정을 끼친 일행에게 미안함이 더 크다. 모두가 일어서서 손을 흔든다. 힘이 쏙 빠진다. 그러고 보니 출발해서 9시간 동안 물과 초코파이 한 개만 간식으로 하고 김밥이나 오이를 먹는 것조차 잊어버리고 있었다.

돌아오는 비행기 안에서다. '아, 그렇지, 역시 혼자일 수밖에 없지! 태어날 때도 혼자였고, 이 세상을 떠날 때도 역시 혼자이지 않은가. 그러나 이 세상을 살아가는 데 서로 돕고 힘을 합하는 것은 인간만이 할 수 있는 삶의 하나의 지혜일 따름이다. 그리고 오늘 산행에서 한 사람이라도 곁에 있어주길 절실히 바랐던 것처럼 너도 그렇게 해 주어라.'고 한다. 늦은 걸음이어서 이제야 늦게 철이 드는 걸까.

지금까지는 정상을 쳐다보면서 한길로만 걸었으니 이제는 아래를 내려다보며 종점으로 쉬엄쉬엄 하산을 하려 한다. 짐을 벗고 가벼운 걸음으로 말이다. 정상이거나 중턱이거나, 잘 살았거나 못 살았거나 거기에 매달릴 일이 아니다.

매듭을 풀고 허허 웃을 일이다.

혼자서 산에 오르면

3월 중순, 아직도 꽃샘추위가 그 긴 꼬리를 치고 있지만, 개나리는 노란 날갯짓을 하고, 해님은 화사한 얼굴을 내민 채 밖으로 끌어내려고 유혹을 하고 있다. 그래도 별로 싫지가 않다.

창 너머 어슴푸레 앞산이 손짓을 한다. “그래, 잠시라도 떠나자!” 지금까지 긴 세월을 꽉 움켜쥐고 살아도 얻은 건 개 꽁지만 한데 늦긴 하였지만 훌훌 털어 버리는 매력도 있어야 하지 않을까?

등산복을 걸치고, 조금은 도움이 될 것 같아서 피켈을 들고 나섰다. 안지랑 입구에 내려서 산기슭의 등산로에 섰다. 혼자서, 혹은 두 사람씩, 더러는 떼를 지어 시끌벅적하며 오르는 사람들도 있다. 오가는 사람들에게 가볍게 목례나 수인사만 보내며 산을 오른다.

오늘은 서두르고 싶지 않다. 오르다가 힘에 부치면 쉬어가고, 땀에 흠뻑 젖으면 나무그늘을 찾아서 바람을 쐬고, 봄의 파란 입김이 땅에서 솟아오르면 시간을 접고 얼굴을 맞댈 수 있다. 이런 일들은 정상을 오르는 전문 등산가가 아니어서, 그리고 혼자이기에 즐길 수 있는 일이리라. 벌써 봄이 가까이 다가섰는지 나무 밑둥치에 붙은 이끼가 더욱 파랗고 겨울 등산복이 부담스럽다. 좀 가볍게 입고 나왔으면 좋을 뻔했다.

도시 주변의 낮은 산들은 혼자서 등산(사실은 산책이지만)해도 재미가 있다. 우선, 생각이나 행동이 퍽 자유롭고 내 세상이어서 좋다. 뒤따르면서 보폭이나 빠르기를 조절하여 힘겹게 다른 사람과의 거리를 맞추거나 눈치를 보지 않아도 좋다. 더구나 이러니저러니 하며 산을 오르는 일로 채근당할 필요는 더더구나 없다. 혼자 너무도 자유로운 이 시간이 가장 마음 편한 행복인지도 모른다.

또한 말을 아끼는 값진 시간이다. 우리는 일상에서 쓸데없이 너무 많은 말들을 하고 살아간다. 그 허구한 날 단 하루라도 지그시 한 눈을 감고, 입을 다물고 있지 않으니 말에 휘감겨 정신을 잃지 않은 게 그나마 다행스럽다.

퍽 오래전의 일이다. 학교에서 아침부터 하교할 때까지 눈짓은 하더라도 한마디의 말도 하지 말고 지내기로 약속을 했었다.

그리고는 그대로 따른 일이 있었다. 꼭 필요할 때는 칠판에다 글말(사실은 이것도 말에 포함되겠지만)로 하였지만 그때에 에너지를 아끼는 참 좋은 시간을 가졌다. '하면 되겠다.'는 자신감을 가진 적이 있었다. 혼자라면 더욱 좋으리라. 침묵은 우선 조용해서 좋다. 피정에서도 침묵의 시간이 있고, 수도복에 딸린 검은 모자도 대 침묵을 위하여 쓴다하지 않던가. 그래서 '침묵은 금이다.' 라는 말이 있는지도 모른다. 말없이 자기를 돌아볼 수 있고, '나 자신을 위해서 무엇을 할 것인가.'를 생각해보는 시간이니 더욱 그러하다.

그리고 자연을 그대로 볼 수 있는 기회를 준다. 우리는 사람들마다 보는 눈이 달라서 문제일 때도 있지만 자연을 그대로 축소해서 옮겨 놓았다는 분재라든지, 수석들을 보며 감탄사를 연발할 때가 있다. 어디 그렇게 옮겨놓은 게 그대로 보는 것과 같으랴.

산을 오르면서 보니 큰 바위틈에 좁쌀 같은 한 송이 꽃이 피었다. 정상 가까이 백 년을 넘게 버티었을 소나무가 바위틈을 비집고 서 있다. 정상에 올라보면 올망졸망한 높고 낮은 봉우리들이 흡사 녹차 밭처럼 질서 정연하게 하늘을 머리에 이고 있다. 누가 그걸 그대로 나타낼 수 있으랴. 그 분야에 전문가가 아니어서 잘 모르고 하는 말이니 가볍게 넘겨주었으면 좋겠다. 그저 그렇다는 얘기다.

산꼭대기에 올라 아래를 굽어보는 재미 또한 쏠쏠하다. 동서남북이 탁 티어서 거침없이 훤하고 참 시원하다. 길도, 아파트

숲도, 학교도, 낮은 봉우리들도 모두 제자리에, 제 모습으로 버티고 서 있다. 그리고 무엇이 그리도 바쁜지 자동차의 물결이 사방에서 보인다. 저 안에서 그 나름대로의 애환을 쏟아내는 삶을 꾸려가고 있으니 그걸 상상하는 것만으로도 재미가 있는 일이 아닌가.

3시간쯤 걸어 정상에서 땀을 식히고 하산하려 한다. 빈손으로 오르고 내려갈 때도 거둔 것 없이 역시 빈손이니 가볍다. 내가 짊어진 십자가도 이랬으면 참 좋겠지만……. 그저 맑고 시원한 바람을 쐬고 아주 작은 꽃잎 하나를 달고 내려온다. 산기슭에서 혼자서 웃음을 지을 여유를 가진다. 그리고는 '이제 오늘, 이 시간은 후회 없이 넉넉하게 끝났다.'라는 속말로 하루를 닫는다.

느끼며 살며

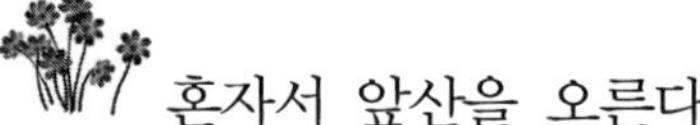혼자서 앞산을 오른다.

앞산은 높은 산이 아니다. 달성군과 청도군의 경계지역에 있는 비슬산(1,083m)에서 뻗어 내린 660m의 나지막한 산이다. 여기는 '앞산공원'으로 개발되어 놀이시설과 케이블카가 설치되어 있고, 산 중턱에는 고찰인 은적사와 안일사가 있으며, 등산로가 비교적 잘 정비되어 있어서 가벼운 차림으로 사람들이 많이 찾는다.

사실 이 나이에 산을 오른다는 것은 '등산'이라기보다는 산에 놀러 가는 일일 게다. 이런 일도 건강한 삶을 위한 잘 노는 일 중의 하나다. 다행히도 몇 개의 산악회 모임이 있어서 자주 친구들과 함께한다. 아직은 건강하여 이 정도의 산행은 별 무리가 없지만 어찌 보면 잘 걷는 친구들을 힘겹게 따라 다닌다는 게 더 바른 표현일 것 같다. 지금까지 살아오는 동안에 주어진 삶을 너무 가볍게 생각하고, 쉽게 스쳐 지나왔다는 생각이 들 때가 많다. 산행만 하더라도 '오늘은 몇 시에 어디에 모여서 어느 봉우리를 거쳐 어느 곳에 몇 시까지 모이자.'며 늘 시간에 쫓긴다.

산을 오르다가 지치면 바위나 나무에 기대어 잠깐 숨을 돌린다. 그 사이 웃음보따리를 풀어놓기도 하고 세상이야기에 꽃을 피운다. 그러다가 다시 일어나 걷고, 쉬기를 반복하다가 정상에 오르면 땀을 닦으며 맑은 공기를 마시고 사방을 둘러보면서 '참 좋다.'를 연발하면서 단숨에 산을 내려온다. 산정에서 하늘을 이고 펼쳐진 낮은 봉우리를 쓰다듬으며 10여 분의 여유라도 즐겨야 하는데……. 여러 해 동안 설악산, 월악산, 대둔산, 한라산 등 100여 개가 넘는 전국의 명산을 두루 다녔지만 애틋한 기억을 남긴 게 별로 없으니 알맹이는 버리고 껍데기 산행을 하지 않았나 싶다. 그러나 우격다짐으로 오를 수 있었고, 서로를 이해하는 친교의 계기가 되어 '함께하는 기쁨'을 주기도 했다.

혼자 산에 오르는 재미도 있다. 우선 자유로워서 좋다. 다른 사람의 눈치를 보지 않아도 되고 자기 페이스에 맞게 오를 수 있다. 오르거나 내려오거나, 빠르거나 느리거나 자기 결정에 따른다. 걸음을 옮기다가 땅에 붙어서 핀 들꽃을 보고는 그 자리에 쪼그리고 앉아 그 질긴 생명력에 감탄을 쏟아놓는다. 그 많은 사람들이 밟고 지나간 틈새를 비집고 고개를 쳐들고 앙증스런 예쁜 꽃을 피우다니……. 쌀알 같은 작은 꽃잎에 환한 웃음을 던지며 안부의 인사말을 건넨다. 한참을 오르다가 상수리나무에 기대서서 그 숨소리를 듣는다.

소슬바람이 스치고 지나가면 갈색의 깍정이를 쓴 도토리를 떨어뜨린다. 몇 개를 주워서 손에 놓고 그들의 땀 흘린 수고를 생각한다. 도토리는 산짐승의 양식이 되고, 사람들은 별식을 만들어 먹지만 봄에 꽃을 피우고 여름내 소나기와 뜨거운 햇볕을 견디며 빚어낸 그 나무와 열매들을 쓰다듬어 주지 아니한다. 오히려 개발이다 뭐다 하면서 설 자리를 빼앗아 버리고 편리함만 좇아 숨도 제대로 쉬지 못하게 만들고 있지 아니한가. 결국 그 피해는 사람들에게 돌아오기 마련인데도 왜 잊고 있는 것일까.

산 중턱에 닿았다. 시야가 넓어지면서 대구 시가지가 눈에 들어온다. 푸른 숲정이는 서너 군데뿐이고 높고 낮은 집들로 꽉 차 있다. 언제부터인가 사람들이 아파트 생활을 선호하면서 변두리지역은 아파트로 성벽을 쌓고 있다. 논이나 밭은 메워져서 아파트가 들어섰고 길은 모두 아스팔트나 시멘트로 포장되어 있다. 사람들은 땅을 밟지 않고 하늘에서 살고 있는 셈이다. 땅을 저버렸으니 어찌 몸과 마음이 온전할 수가 있으랴. 많은 비가 내리면 물이 스며들 곳이 없으니 물난리를 겪는 것도 당연한 일이다.

힘겹게 산을 오르다가 보면 집채보다 더 큰 바위가 막아선다. 옛날 못된 왜인들이 민족의 정기를 끊어놓는다며 산의 혈맥에다 대못을 박았다지만……. 요즘도 등산로를 정비한다는 구실로 바위에 구멍을 뚫고 철책을 꽂아 넘치는 친절을 베풀고 있다. 그 쉽게 오를 수 있는 편리함 때문에 등산객이 몰려올까. 그 바위는 깨지고 부서지면서 무슨 말을 남겼을까. 물의 지혜가 아쉽다. 시냇물도 흘러가다가 조그만 돌멩이는 타넘고, 큰 바위가 막아서면 돌아서 가고, 깊은 웅덩이를 만나면 쉬었다가 다시 흘러간다. 그래도 목적지까지 여유롭게 가지 않던가?

정상에 올라 올망졸망한 집들과 우뚝 솟은 아파트 숲 안을 들여다본다. 집집마다 잔잔한 웃음이 번져 나오기를 염원한다. 그게 우리의 희망이다. 능선을 걸으며 땅에 붙은 들꽃 한 포기, 빛바랜 하얀 억새풀, 벼랑길에 선 소나무, 푸드덕 날아가는 장끼 한 마리, 그리고 이끼 낀 돌 하나에 이르기까지 모두 제자리를 차지하고 제 모습으로 아우르니 아름답지 아니한가?

세상에 보이는 것만이 전부인 양 생각하고 여기까지 가볍게 스쳐 지나왔다. 이제 되돌릴 수 없음을 아쉬워하기보다 안 보이는 것도 마음으로 보면서 살아갈 수 있었으면 좋겠다. 우리 둘레의 창조된 모든 것, 보이는 것은 물론 보이지 않는 것도 느끼며 살아가자. 가을! 아름다운 단풍이 설악에서 남으로 내려오고 있다는데…….

숲 속의 집에서

골짜기의 냇가를 따라 걷는다. 여기저기서 흘러나온 도랑물이 '철석 철써덕 철석…….'하는 그 소리는 발걸음을 옮길 적마다 색깔이 다르다. 사전에는 '물소리'를 '물이 떨어지거나 흐르거나 흔들거리거나, 또는 물에 무엇이 떨어지거나 하여 나는 소리'라고 풀이한다.

어찌 보면 물이 위험한 상황을 맞아 높은 곳에서 떨어지거나 크게 흔들거리거나, 무엇이 떨어져서 서로가 부딪쳐서 깨지고 흩어지며 본능적으로 터지는 소리인데 그게 불협화음이 아니라 밝은 화음으로 변하여 사람들의 마음을 통째로 사로잡는다. 계곡의 상류로 올라갈수록 그 소리도 숨 가쁘게 들린다. 쏴-하며 세찬 바람이 휩쓸고 지나가는 소리 같기도 하고, 소나기가 퍼붓고 난 뒤 흙탕물이 콸콸 계곡에 넘쳐흐르는 소리 같기도 하고…….

물소리에 반한 건 물한계곡에 갔을 때도 역시 그랬다. 물길은 보이지 않는데도 산정을 오르는데 물소리는 계속해서 들려왔다. 어느 때는 우렁차게, 그리고 어느 때는 속삭이듯 귀를 기울여야 들릴 만큼 가냘프게 들려왔다. 그 소리는 인간의 재주로 표현할 수 있는 소리의 범주를 벗어난 듯하였다. '주룩 주르룩…….'하고 소나기 퍼붓는 소리, '끼르 끼르륵…….'하고 울어대는 새소리, '우르르 처~엉 철…….'하고 폭포에서 내리꽂는 소리, '사르르 사르르…….'하며 눈감고 흐르는 그 소리는 그대로의 꾸밈없는 소리로 와서 머문다.

주말에 가까운 친구들과 지리산 자연휴양림에 갔었다. 일상의 쳇바퀴를 벗어나는 일이어서 몸과 마음이 한결 가볍다. 이 휴양림은 지리산 동북쪽 끝자락인 경남 함양군 마천면에 자리하고 있다. 계곡에 들어가면서 아직도 잠이 덜 깬 듯한 흐릿하게 보이는 산과 길가 군데군데에 서 있는 산벚나무의 꽃이 수줍은 듯 하야스름하게 피어 있었다. 속이 탁 트인다. 일행은 휴양림의 '숲 속의 집'에서 짐을 풀었다. 그러고는 창문을 열었다. '철석 처얼석 솨…….'하는 소리가 온 방을 채운다. 개울에서 흐르는 물소리였다. 계곡에는 어둠이 짙어오는데 천상의 노래를 들으면서 술잔을 기울이고 건네며 세상을 살아가는 아름다운 꿈을 꾼다.

아침 일찍 일어나 산에 오른다. 푸른 하늘이 산봉우리에 걸려 있다. 상큼한 공기가 가슴을 쓸어내린다. 쑥과 고사리가 무더기로 나 있고 두릅이 가지 끝에 치솟아 있다. 고사리와 두릅을 서너 줌 꺾어 아침 밥상에 올렸다. 그 산채의 향기가 입안에 가득히 고인다. 아침을 먹고 물소리를 따라 다시 산책을 나섰다.

현관을 나오다가 산림문화 휴양관의 안내도를 보면서 참 재미있는 이름이라는 생각이 들었다. 방 하나하나가 황조롱이, 사향노루, 동자꽃 등으로 이름이 지어져서 저절로 지리산의 생태 분위기에 젖게 해 주었다. 더 바란다면 지리산의 절경이나 자연보호의 대상이 되는 희귀한 동식물의 이름이 사진과 함께 안내되었으면 금상첨화였으리라. 지리산에는 구상나무, 흰참꽃나무, 여우꼬리풀, 곤줄박이, 진박새, 동고비, 쏙독새……등 생소한 동식물의 이름들이 눈을 번쩍 뜨이게 했다.

계곡에서 물길을 거슬러 산책로를 오르며 물소리의 장단을 듣는다. 소리꾼들이 폭포 아래에서 목소리를 다듬는 이유도, 시인묵객이 물을 찾는 까닭을 알 듯도 하다. 물소리는 몰아의 경지로 손을 잡고 가나 보다. 물은 무색, 무미, 무취라고 하는데 왜 흘러내리면서 하얀색으로 보일까? 하천의 급경사에 몸을 맡기고 크고 작은 돌멩이나 둥글거나 뾰족한 바위 사이를 비집고 질주하면서 부딪치고 부서지고 하얗게 바래져서 아름다운 소리를 내는 것일까? 어쩌면 그것은 물의 지혜일지도 모른다. 움츠리고 있다가 때를 보아서 아래로 흘러간다. 참으로 지혜롭지 아니한가?

남쪽으로 내려오면 봄이 더 짙을 것이라는 생각이었는데 아직도 산은 겨울잠에서 막 깨어나 눈을 비비고 보듯 흐릿한 모습이다. 물이 흐르는 그 바위 사이에서 수령이 30여 년은 족히 됨직한 한 그루의 소나무가 있다. 역시 가지도 뻗었고 새들도 그 가지에 둥지를 틀었다. 가끔은 새들과 산짐승들도 인적이 드물 때 둥지나 산에서 내려와 물을 마시고 갈증을 해소하리라. 물에 발을 들여놓은 소나무도, 거기에 둥지를 튼 새들도, 숲 속의 짐승들도 서로 어울려 잘 지내고 있다.

작은 물길을 따라 물소리를 타고 너무 멀리 올라왔다. 이제 내려갈 시간이다. 출렁다리를 건너 숲 속을 지나 제자리로 돌아온다. 계곡의 노래가 창틈으로 스며든다. 어머니의 품처럼 포근함에 싸인다. 아! 참 좋은 날, 꾸밈이 없는 그대로의 모습, 그대로의 소리, 그런 건 모두가 아름다움을 주는가 보다.

지리산 계곡의 숲 속의 집, 청아한 물소리가 지금도 들리는 듯하다.

운무가 내리고

 날씨가 맑은 날은 아파트의 창문 너머로 앞산이 훤히 보인다.

오늘은 운무가 짙게 내려앉았다. 비록 가려져 있더라도 산은 그 모습 그대로 그 자리에 서 있으리라. 누가 보든 안 보든 산은 개의치 아니한다.

버스가 안개 낀 공원 입구를 지난다. 이른 시각인데도 노인들이 줄을 서서 기다리고 있다. 점심 한 끼를 해결하려는 생활이 어려운 사람들의 행렬이다.

우리나라도 벌써 10여 년 전에 '고령화 사회'로 진입하였고, 10여 년 후에는 '고령사회'가 된다는 달갑지 않은 소식이다. 두뇌학자인 볼트 징거는 '나이가 들면 뇌파는 느려지지만 경험이 많아 지름길을 찾아 속도를 대신한다.'고 하고, '70세 이후에도 어휘력이 증가한다.'는 연구도 있으나 답답해서 억지로 합리화하는 말로 들린다. 주변에 나이가 들어서 말과 행동이 어눌한 사람을 보고 있노라면 이제는 '분수를 알고 나서지 않는 게 옳다.'는 생각이 들기도 한다. 어떤 일에 집착하지 않고 '물러서야 할 때를 아는 것'도 지혜가 아닐까?

친구들이 하나 둘 하늘 길을 떠나고 있다. 그 길은 운무가 걷혀 있을까?

옛날 같으면 일흔을 넘겼으니 어지간히 살 만큼 살았고 크게 아쉬워해야 할 이유도 없다. 세상을 떠난 친구의 조사를 쓰면서 이런 생각을 해 본다. 그 친구는 얼마나 출중한 인물이었고, 얼마큼 넓은 아파트에서 살았고, 어떤 좋은 차를 타고 다녔으며, 어느 높은 자리에 있었고, 돈은 얼마나 갖고 있었는지에 대해서는 몰라도 좋다. 다만 그의 삶이 인간적으로 얼마나 진솔했는지를 떠올린다. 친구가 슬퍼할 때 말없이 손을 잡아 주었고, 가족들을 어떻게 사랑하였으며, 이웃을 어떻게 따뜻하게 대해주었다는 걸 먼저 그려 본다.

우리의 삶이 오래 살았다 해도 기나 긴 세월에 비교하면 어느 한 점에, 한순간에 불과한 것을 늦게야 알아차린다. 그러면서도 욕심에 싸여 정신없이 매달려 왔으니 허투루 산 삶이 아니던가? 그래도 위안이 되는 건 낮은 자리에서 살고, 가진 것이 없어도 착히 살면 하늘나라의 문은 열려 있다고 하니 그 얼마나 다행스런 일인가?

한센병 치유자의 자녀와 소년 소녀 가장을 위하여 평생을 희생하고 봉사의 삶을 살아가는 성직자가 있었다. 그들을 돕는 장학회 창립 30주년 기념행사를 준비하면서 공로패를 드리자는 논의가 있었다. 처음부터 어렵고 소외된 사람들의 눈물을 닦아주는 선한 생각에서 시작한 일이었으니 그 뜻만을 기리자고 하였다. 창립기념식에 참석하신 주교님께서 '공로패'를 수여하였다는 소식이 들려왔다. 역시 말하고 떠들지 않아도 그 공을 낱낱이 알고 계신 분이 계셨다. 뜻하지 아니한 그런 일들이 세상을 기쁘게 살아가게 하는 힘이 되는지도 모른다.

가끔 높은 산에 올라 아래를 굽어보며 내려온다. 그래도 내려오는 길은 오를 때보다는 한결 수월하다. 더구나 지금까지 지탱해온 몸을 너무 혹사하여 폐차 직전이어서 덜커덩거려 힘들어서도 아니다. 이 세상을 도피하려는 건 물론 아니다. 그리고 정년을 맞아 할 일 없이 놀면서 쓸모없이 된 서러움 때문만은 더더욱 아니다. 얼마 전까지도 앞만 보고 살아왔는데 긴 여정의 끝자락에 서서 보니 위도, 옆도, 뒤도 보이고 그 깊이도 가늠되기 때문이라고 변명을 한다. 아마도 늦게 철이 드는 걸까? 아니면 깊이 성찰하여 '내 탓이오.'를 생각하기 때문일까?

공기가 맑은 시골, 강이 흐르는 산기슭이면 좋으리라. 초가집이면 어떠랴. 아침에 눈을 뜨면 기쁨으로 두 팔을 벌려 해를 맞고, 가벼운 산책으로 숲과 새의 속삭임을 듣고, 긴 여정을 돌아보면서 감사한 마음을 전하고 싶다. 가끔은 산에도 오르고, 배낭을 꾸려 나라 곳곳의 풍경도 담고……, 아직도 앞산에는 구름과 안개가 짙게 깔려 있다. 해가 떠오르면 그 밝은 햇살로 안개를 걷어내고 의젓한 모습을 보여 주시리라. 오늘같이 '운무가 내린 날'에는 그 속에서도 말없이 서 있는 산에 안겨 그의 독백을 들어 보고 싶다.

무슨 말씀을 남겨 주실까?

제비꽃

 봄은 겨울 끝에서 소리 없이 다가선다.

이른 아침 산책길에서 귀 덮개를 걷어 부치고 다녀도 부담이 되지 않을 만큼 날씨가 포근해지면 겨우내 앙상하게만 느껴지던 개나리의 잔가지들이 기지개를 켜는 소리를 들을 수 있다. 길가에 늘어선 개나리 꽃눈들이 도톰해지면서 뿜어내는 숨결이다.

봄은 절기로 입춘부터 입하 전날까지, 천문학상으로 춘분부터 하지까지, 그리고 기상학 상으로는 3, 4, 5월이라고 적혀 있지만 대충 그렇다는 얘기다. 3월이 오면 기온이 점점 올라가긴 하지만 입학 시즌에는 꽃샘추위가 사람들의 몸과 마음을 움츠리게 한다. 그렇더라도 분명히 봄은 개나리의 꽃말처럼 '희망'임에는 틀림이 없다.

이 계절이 오면 암울한 겨울을 보냈으니 누구나 추위에 떨지 않아도 되고, 옷은 가벼워지고 화사해진다. 풀이나 나무들이 숨죽이고 엎드려 있다가는 파란 싹을 내밀고 대지는 미동을 시작한다. 그래서 사람들은 어두운 굴 속을 벗어나 지금 선 자리에서 실낱같은 희망이라도 붙잡고 새 출발을 시작하려 한다. 그것만이라도 다행스러운 일이 아니랴.

봄에는 낮이 점점 길어지고 밤이 짧아진다. 개나리와 진달래가 3월에 접어들면서 피고, 4월이 오면 벚꽃이 남해안에서부터 피기 시작하여 북쪽으로 번지면서 많은 봄꽃 축제가 여러 곳에서 열린다. 동백꽃 축제, 진달래 축제, 벚꽃 축제, 산수유 축제, 철쭉제 등이 그것이다. 언젠가 소백산 철쭉제를 보려고 산행을 했다. 너무나 많은 사람들이 모였다. 꽃은 날씨에 맞추어 꽃을 피우는데 사람들이 여러 이름을 붙여 소란을 떤다. 꽃들에겐 오히려 수난의 시기인지도 모를 일이다. 물론 이 아름다운 계절을 알리고 앞이 보이지 않는 절망적인 사람들에게 잠시라도 시름을 잊게 하고 용기를 북돋우는 일은 좋은 일이다.

축제의 대상이 되는 꽃들은 대개 화려하고 이름이 난 꽃들이다. 그러나 산이나 들에는 양지바른 길섶이나 나무 아래 땅에 붙어서 피어난 목이 긴 한두 포기 꽃을 발견할 때가 있다. 이름하여 제비꽃이다. 줄기가 없고, 긴 잎자루가 있는 잎이 있다. 꽃은 대부분 짙은 자주색으로 긴 꽃자루 끝에 1원짜리 동전 크기의 꽃이 한 개씩 매달려 있다. 제비가 돌아올 때쯤 핀다 하여 이 이름을 붙였다지만 여러 가지의 이름이 있다. 오랑캐꽃, 병아리꽃, 장수꽃, 씨름꽃, 앉은뱅이꽃, 외나물 등으로 불리나 그런 이름처럼 걸맞은 속성을 지녔음이리라. 오랑캐, 앉은뱅이 등의 이름들로 보아 애지중지 보살핌을 받는 그런 처지도 아닌 듯하고, 개나리나 진달래처럼 무리지어 피지도 않고, 꽃병에라도 꽂혀 호사를 누릴 그런 처지도 물론 아니다.

어느 날 아침, 산기슭에서 멈추어 섰다. 밤새 혼자 외롭게 자리를 지키고 꽃을 피우고 있어도 가까이 와서 보아주는 이도 없는 듯하다. 그 꽃말(겸양)에 끌리어 한 포기의 제비꽃을 곁에 두려는 욕심이 생겼다. 꼬챙이로 뿌리 둘레를 파서 흙과 함께 휴지에 싸서 들고 와서 작은 화분에 정성들여 심고 물을 주어 아파트의 베란다에 두었다. 며칠은 싱싱한 듯하더니 시들고 꽃이 져버렸다. 그 생태도 잘 모르면서 무모한 짓이었다.

아파트의 베란다에는 몇 개의 난분이 있다. 사실 그 꽃들에게는 늘 미안한 생각을 가지고 있다. 꽃을 기르는 공부도 하지 않았고 분갈이도 제대로 해주지 못했다. 잘 몰라도 전부 영양실조에 걸리게 만들어버린 것인지도 모른다. 몇 해 전에는 꽃이 필 때, 튼튼한 꽃대가 한 자쯤 솟아올라 와서 열 개 이상의 꽃망울이 맺히고, 꽃을 피우고 향기를 내뿜던 것이 요즈음은 한 뼘쯤 꽃대가 올라오고 겨우 네댓 개의 꽃이 피고는 향기도 사라져버렸다. 그리고 잎이 가는 난은 여러 해 동안 꽃을 피우지 아니한다. 지난해부터 영양제도 사다가 꽂아주고, 시비를 하는데도 늘 그 모양이니 기운이 다하여 회복이 늦은 것 같다. 말을 못하니망정이지 적지 않은 원망을 하지 않았겠는가. 이러지도 저러지도 못하는 처지다.

오래전의 일이다. 해인사로 현장연수를 가는 길이었다. 고갯마루에서 차를 세워두고 시원한 산바람을 가슴에 담고 있었다. 그때 길섶에서 한 송이(너무나 가냘픈 꽃이어서 한 송이라고 말하기도 어울리지 않지만)의 제비꽃이 눈에 띄었다. 긴 꽃자루에 매달린 조그만 자주색 꽃이 마음을 흔들었다. 제비꽃은 자주색 외에는 잘 볼 수가 없지만 사전에 보면 흰색, 하늘색, 노란색도 있다고 한다. 자주색은 겸양을, 흰색은 티 없이 소박함을, 하늘색은 성실함을, 노란색은 행복을 상징한다고 한다. 겸양, 소박, 성실, 행복 모두가 사랑으로 이어지는 이름들이다. 꽃자루와 함께 한 송이의 꽃을 따서 옆에 서 있던 제비꽃을 닮은 선생님께 전했다. 꽃을 받아들고 환한 웃음을 보였다. 그리고는 머리에다 그 꽃을 예쁘게 꽂았다. 웃음 띤 모습과 그 자줏빛 꽃이 잘 어울렸다. 아마도 한 아름의 꽃다발을 드렸어도 그런 환희의 모습을 보기가 어려우리라. 그 여린 한 송이의 꽃이 그런 환희를 불러온다는 게 믿기지 않았다. 참으로 아름다운 모습이었다.

그 조그맣고 목이 긴 한 송이의 자주색 제비꽃!

이제 곧 봄이 오리니 그 연약하고 가냘픈 제비꽃의 꿈을 가슴에 담으리라.

하산 길에서

말복을 며칠 앞두고 유난히도 더위가 기승을 부린다. 친구에게서 산행을 하자는 전화가 왔다. 그늘도 좋고 오르는 길도 비교적 평탄한 앞산을 오르자고 했다. 20여 년 전, 금오산 아래 연수원에서 함께 근무하였고 운전면허를 딴 후 실질적인 도로연수를 시켜준 은인이어서 늘 고마움을 가지는 친구다. 지금은 모두 정년퇴직을 하였지만 바쁘다는 핑계로 만나질 못 하였는데 같이 공(테니스)을 치는 초등학교 동기를 통해 가끔 안부를 물었다. 충혼탑 아래 주차장에서 셋이서 만나 산을 올랐다.

지금까지 높은 산이든 낮은 산이든 정상을 오르는 데에만 정신을 쏟은 것 같다. 사실은 전문 산악인이 아닌 보통 사람이 오르는 산이야 '정상'이랄 것도 없지만 그걸 오르고서도 '정상정복'이라는 말을 쓰기도 한다. 누가 그 꼭대기에 올랐다 해서 산이 무릎을 꿇고 절을 하지도 않았고 산은 그 모습 그대로 그 자리에 있었고 누가 발자국을 남겼는지에 대해서도 전혀 관심이 없다. 산을 오르면서 나무들도, 들풀도, 바위들도, 하늘도 보고, 바람하고도 손을 잡는 여유도 가져야 하는데……. 그리고 그래도 정상에서는 발아래 경치도 보고 맑은 공기도 실컷 마시면서 즐겨야 하는데 대부분 눈도장만 찍고는 서둘러 하산에 열을 올린다. 지금까지 여러 산악회에 따라다니며 정상을 오른 게 수없이 많은데 과연 무엇이 얻어진 걸까?

산행에서 삶을 본다. 우리는 사회생활을 하면서 그 정상에는 명예도 있고 돈도 따라온다고 믿고 있다. 또 처음 직장에서 곁눈질하지 않고 앞만 보고 달려온 것을 자랑으로 삼기도 한다. 그래도 쉬지 않고 이 길을 꾸준히 달려왔기에 오늘의 내가 있었다고 평가하지만 과연 그럴까? 앞도, 뒤도, 위도, 아래도 보지 않고 오직 성취만을 위한 삶이 가치가 있고 행복한 것이었을까?

어느 날 TV 프로그램 〈인간극장〉에서 젊은 부부가 '적게 벌어서 행복하게 사는 법'으로 화려한 도시를 떠나 섬으로 가서 동화처럼 사는 모습을 보았다. 그 이야기 중에 남편이 외출을 하면서 아내에게 용돈으로 천 원을 얻어간다. 그것으로 커피 석 잔이나 마실 수 있다고 행복해 하고……. 가족끼리 여는 애기의 돌잔치에서 남편이 쓴 사랑의 편지에 아내는 감동의 눈물을 흘리고, 젊은 엄마는 보살펴 주는 시어머니께 꾹꾹 눌러 쓴 감사의 편지를 전하며 서로 위하는 모습이 사랑과 행복을 느끼게 하였다.

산행에서 정상을 오르는 것보다 더 중요한 것은 하산하는 일이 아닐까 한다. 어떤 분이 겉으로 보기에는 성공한 인생이었다. 명예가 최고의 경지에까지 올랐다. 그런데 어느 날 어떤 이유로 어렵게 오른 그 자리를 내놓고 엉금엉금 기어서 내려오는 모습은 한 편의 희화처럼 느껴진다. 산에서 내려올 때 떠오르는 시가 있다. 조용히 하산의 의미를 그리게 한다.

"내려갈 때 보았네, / 올라갈 때 못 본 그 꽃. (고은)"

그리고 도대체 돈, 그건 무엇인가? 대부분의 사람들은 여기에 목숨 줄을 건다. 돈 때문에 죽고 사는 일이 어디 한두 사람이던가? 인간의 욕심은 아무리 채워도 끝이 없음에랴. 지금 가진 것에 만족할 수 있는 사람은 '행복'을 불러오는 사람이다. 누구나 재벌일 수는 없지 아니한가? 풍요를 누리는 사람은 남보다 '조금 더' 가진 사람이다. 이웃의 어려움이나 아픔을 보고 같이 나누고자 하는 사람은 재벌이어서가 아니고 가진 것을 조금씩 나누어 주는 일을 즐겁게 하는 사람이다. 탈무드에는 죽음을 앞두고 가장 친한 친구에게 동행하기를 바랐는데 한 발짝도 갈 수 없다는 친구가 재물이라지 않던가? 우리는 어쩌면 엉뚱한 곳에 많은 시간을 허비했다는 생각을 할 때가 없지 않다.

EIU연구기관이 OECD 30개국을 포함한 세계 40개국을 대상으로 '품격 있는 죽음을 맞느냐?' 에 대한 죽음의 질을 조사하였더니 우리나라가 하위권인 32위란 발표를 본 적이 있다. 이는 완화의료의 수준과 비용부담 등 27개 지표를 비교분석한 결과로 "1위는 영국이고, 호주, 뉴질랜드, 아일랜드, 벨기에" 순이라고 한다. 우리의 삶도 아름다운 마무리가 그 사람이 살아온 삶을 더 의미 있게 만든다는 것이 틀린 말은 아니다.

사람들은 나이가 들수록 건강에 대한 관심이 부쩍 늘고 있다. 어찌 보면 몸에 붙은 장기를 반세기 넘게 괴롭혔으면 고쳐 끼우기도 하고 수리도 해야 하는 게 정상이지 아니한가? 병이 왔다고 하여 슬퍼할 일만이 아니고 지금까지 혹사한 것에 대한 진정한 사죄와 대책이 있어야 마땅하리라. 명예나 부를 누렸지만 끝 날에 중환자실에 누워 초점 잃은 눈으로 사람도 알아보지 못하고 온몸을 다른 사람에게 맡긴 채 투병하고 있는 모습을 보기도 한다. 어찌 보면 예측할 수 없는 죽음이 뜻대로 되는 일은 아니지만 평화롭게 맞기를 소원한다.

이제는 명예나 재물도 다 강을 건너갔고 무거운 십자가도 다 내려놓은 처지가 아닌가? 그러니 '가장 단순하게'에 마음이 끌린다. 단순하게 사는 사람은 욕심을 내지 않고 사물을 소유하려 하지 않는다고 한다. 그리고 죽음이 끝이 아님을 생각하고 이제까지 누리고 산 모든 것에 감사해야 한다고 가르친다.

친구와 함께한 앞산 산행에 4시간, 수건 하나를 땀으로 흥건히 적시고 거둔 열매다.

"언제나 기뻐하십시오. /끊임없이 기도하십시오. /모든 일에 감사하십시오."(1테살5, 16-18)

새벽을 흔들어 깨우며

늦은 밤, 성무일도의 끝 기도를 바친다.

"이 밤을 편히 쉬게 하시고 거룩한 죽음을 맞게 하소서." 만일 이 청원을 받아주신다면 아마도 '죽음의 복'을 타고났다고 말하리라. 이 시대 사람들의 죽음은 때와 장소도 가리지 않고 한꺼번에 수십, 수백 명을 앗아가 버리니 한두 사람의 희생은 거의 관심도 갖지 않는다. 세상이 참으로 슬프고 무섭다. 앞으로는 '거룩한 죽음'이란 말도 사라질 것 같다.

늦가을이라 아침저녁으로 제법 쌀쌀하다. 아침에 눈을 뜨면서 오늘도 말과 생각과 행위를 평화롭게 이끌어 주시길 빌며 새벽 산책에 나선다. 아직 어둠이 가시지 않아 가로등 불빛을 따라 걷는다. 이른 시간이어서 사람도 뜸하고 한두 대의 차가 보일 뿐이다. 간혹 빨간불인데도 슬금슬금 횡단보도를 기어가는 차들이 있긴 하지만 대부분 정지선에서 멈춰 서 있다. 횡단보도 앞에 서면 파란불로 바뀌길 기다리는 사람들을 본다. 차림새로 보아 근처 아파트에서 경비를 서시는 분인가 싶다. 교대시간이어서 혹시라도 늦을까 조바심을 치는 모습이 법 없이도 살 사람들이다.

길 옆 아파트도 아직 단잠을 자고 있다. 이 새벽을 흔들어 깨우는 사람들이 있다. 아파트의 층마다 엘리베이터의 문이 열리면 우유를 갖다 놓고 신문을 던진다. 이 아침에 환경미화원이 낙엽을 쓸고 있다. 낙엽은 지천으로 깔려 있는데 얼마 동안은 그대로 두어도 사람들이 좋아할 것 같은데……. 그들은 새벽을 쓸어 해님이 다닐 길을 연다. 방천길을 걸으며 세상을 본다. 하나 둘 산책하는 사람들도 늘어난다. 새벽기도를 하고 오는 사람들, 가방을 메고 등교하는 학생들, 테니스 코트에서 공을 치는 사람들, 리어카를 끌고 폐지를 모으는 사람, 도로 공사장에서 일을 시작하는 사람들……, 그들의 마음에 꼭꼭 숨겨둔 조그만 소원들이 이루어졌으면 좋겠다.

살아간다는 것, 그것은 늘 밝은 햇빛만이 있는 게 아니라 때로는 구름도 끼고 어둠에 싸일 때도 적지 않다. 누구에게나 크건 작건 고통이 따르기 마련이다. 그 고통을 수월하게 넘길 수 있게 청할 순 있지만 그것을 거부할 권리는 인간에게는 없다. 다만 순례의 길에서 인생의 길이는 정할 수 없지만 그 깊이와 넓이는 바꿀 수 있으니 길은 열려 있는 셈이다.

문득 이런 생각이 든다. 내가 못난 게 아니라 저 사람이 나보다 조금 잘났을 뿐이고, 내가 가난한 것이 아니라 저 사람이 나보다 조금 더 가졌을 뿐인데……, 살아가면서 생각을 열자. 생각을 고쳐 먹으면 얼마나 여유로운가? 용서를 못해서 앓고 있는 사람이 있다. 일곱 번씩 일흔 번이라도 용서하라고 했는데 그까짓 한 번쯤 용서해 버려라. 상처를 준 사람은 잊고 잘 살고 있는데 오히려 상처를 받은 사람이 끙끙 앓고 있으니 이는 공평하지 않은 일이다.

누구에게나 찾아오는 죽음은 끝이 아니라 새롭고 영원한 삶의 시작이라고 하는데……. 거룩한 죽음을 원하면 세상에 대한 욕심을 버리면 된단다. 우리는 이 세상에 와서 잠시 손님으로 머물고 있지 않은가? 세상의 모든 것은 육체의 정욕, 눈의 쾌락 그리고 세속의 야망 그 외에 무엇이 있던가? 세상도 가고 정욕도 다 흘러가기 마련이다. 우리는 오늘이 있음에 기뻐하고, 내일이 있음에 감사하자. 돈이 드는 일도 아니고 어려운 일도 아니다. 새벽은 깨우지 않아도 누구에게나 찾아온다. 새벽을 흔들어 깨우는 사람들! 그들의 삶에 늘 기쁨과 감사가 넘쳐 흐르게 하소서.

그래도 감사합니다

이른 아침 산책을 나선다.

오늘은 아파트의 나무들이 몹시 흔들리고 있다. 이른 아침의 산책은 오히려 건강을 해칠 수 있다고 만류를 하지만 이젠 버릇이 되어 버렸다. 아파트를 빠져나와 넓은 도로를 건너 방천의 소나무 숲길을 걸으며 맑고 상큼함을 가슴 가득히 채운다. 걸어서 30여 분 거리인 무지개공원에 도착하여 소나무 숲 사이를 걷다가 몸에 땀이 배일 때쯤 체조를 하고 다시 돌아오면 한 시간을 조금 넘긴다. 가끔 지인을 만나기도 하지만 거의가 매일 산책길에서 눈인사를 나누는 낯익은 얼굴들이다. 대부분 건강한 사람들이지만 더러는 한쪽 다리를 끌며 힘겹게 걷는 사람, 지팡이를 짚고 조춤거리는 노인들도 없지는 않다.

아파트 현관에 들어서면 먼저 우편함을 연다. 딱히 기다리는 편지도 없긴 하지만 함이 비어 있으면 소외된 것 같아 허전하다. 몇 개의 봉투 중에 건강검진 안내서가 보인다. 전에도 두어 번 통지가 왔었는데 그때마다 종합병원에서 여러 가지 검진을 받은 뒤라 받지 않았다. 이번에도 수술 후의 경과를 보려고 지난해 위내시경과 대장암 검사를 받은 터여서 받지 않으려 했는데 가족들은 기본검사만이라도 받기를 원한다. 별로 힘 드는 일도 아니어서 동네 의원에 갔다. 문진을 하면서 내시경도 1년이 지났으니 다시 받으란다. 귀가 얇아져서 또 그대로 따랐다.

며칠 후 결과 통보가 왔다. '당뇨질환 의심'으로 2차 검진을 받으라고 한다. 2차 검진은 우리 집 주치의 병원에 가서 검진을 받았다. 결과는 우려한 바 그대로였다. 검사 의뢰서를 가지고 종합병원에 가서 다시 혈액검사, 심전도검사, 동맥혈류기능검사, 안과검사 등을 받았다. 현재는 별 증상은 없으나 식전, 식후의 혈당수치가 조금 높다고 한다. 아마도 발병의 원인은 알 수 없으나 건강을 자만하여 담배나 술 그리고 무절제한 식생활이 원인일 거란 생각이 든다. 이 병의 합병증도 대단히 무섭다 하니 정신이 번쩍 든다. 이제는 먹는 것이나 운동도 치료에 무게가 실릴 수밖에 없다. 그러나 지금까지 건강한 삶을 주셨으니 그것만으로도 행운이고 감사한 일이 아니랴. 지나친 욕심이겠지만 '만일 자비를 입어 이 세상을 떠날 때, 어느 날 갑자기 잠자듯 편안한 죽음을 맞고 싶지만……' 그게 어디 마음대로 되는 일이랴.

호스피스 봉사활동을 하면서 중환자를 맞을 때가 있다. 임종을 앞두고 의식은 잃어버리고 초점 잃은 두 눈을 크게 뜨고, 입을 벌린 채 가쁜 숨을 몰아쉬면서 그 고통을 견디는 모습은 주변 사람들을 슬프게 한다. 그렇다고 하여 무슨 좋은 방법이 있는 건 아니지만 '삶의 의미'를 다시 새기게 한다.

어느 날은 산책길에서 리어카를 끄는 할머니를 만날 때도 있다. 인적이 드문 꼭두새벽에 나와 동네를 돌며 폐지를 주워 리어카에 싣고 흘러내리지 않도록 밧줄을 매는데 오른쪽 팔과 다리가 마비가 된 불편한 몸으로 왼손으로 밧줄을 잡고 왔다갔다하며 애를 쓰는 모습을 본다. 그게 삶의 수단일 텐데 그나마 건강한 몸이라도 주셨으면 얼마나 좋을까.

또 지하철역 대합실에서 20대 초반쯤 되어 보이는 예쁜 아가씨가 네 발이 달린 지팡이를 끌며 걸어오고 있다. 조금 오다가 다리 힘이 부치는지 갑자기 그 자리에서 꼬꾸라진다. 부끄러운지 서둘러 비비적거리며 억지로 일어서더니 눈빛도 주지 않고 지팡이에 의지해 다른 곳으로 천천히 걸음을 옮긴다. 한창 꿈 많은 나이에…… 참 안타깝다.

병이 오는 것은 죄 탓은 아니라고 하지만 많은 생각이 자리한다. 발등에 불이 떨어지고 나서 그 불을 끄려면 벌써 늦은 것일 게다. 그러나 어떤 병이라도 일찍 발견하면 치유도 그만큼 쉽다는 것도 알고는 있지만 모든 게 뜻대로 되지 않는 게 인생살이가 아니던가? 사람들은 알고도 실천하지 못하는 일도 많고, 모르기 때문에 지나치는 경우도 적지 아니하리라.

우리는 공기의 고마움을 모르듯 매사에 고마움을 모르고 살아가고 있다는 생각이 들 때가 많다. 사회는 곳곳에 흩어지고 바르지 못한 모습만 보이고, 모든 것을 '네 탓'으로 돌리면서 혼자서 바르게 살아가기가 너무 힘들다고 투덜대며 불평하는 소리도 들린다. 그러나 조용히 생각해 보자. 잠자리에서 일어날 수 있고, 눈을 뜨면 모든 걸 볼 수 있고, 손을 움직일 수 있고, 음식을 먹을 수 있고, 발로 걸을 수 있고, 말도 하고, 생각을 행동으로 옮길 수도 있으니 그것만이라도 감사한 일이 아닌가. 어디 그것뿐이던가?

이 무지개공원에 밝은 햇살이 쏟아지면서 어둠이 하나 둘 걷히고 있다. 사람들도 나무들도 두 팔을 벌리고 기지개를 켠다. 잎들은 더 윤기가 나고 여기저기서 꽃망울을 터뜨린다. 더 밝은 내일이 열린다는 신호가 아닐까? 오늘도 모든 사람들이 희망이 넘치는 날이 되었으면 참 좋겠다.

그리고 그 많은 날 하루같이 보살펴 주셨으니 "그래도 감사합니다."

제 Ⅱ 부

산다는 것 그 의미

그렇듯 삶과 죽음은 종이 한 장 차이이고 긴 세월에 비기면 너무나 단순하다. 그런데 누구도 함께할 수 없으니 마지막 떠나는 길은 역시 혼자라는 걸 절감하게 한다.

-〈산다는 것 그 의미〉 중에서

산다는 것 그 의미

요즈음 '삶과 죽음'에 대한 생각이 부쩍 늘고 있다.

그것도 나이를 핑계로 금기를 넘어서는 것일까?

아침 산책에서 동기인 친구를 만났다. 어제도 아주 이른 시각에 공원을 산책하면서 '참 비슷한 사람도 있구나!' 했었다. 나는 공원의 방천길을 걸었고 그는 공원 안의 운동장을 돌았다. 그 친구는 가끔씩 이 공원에서 만난다. 오늘도 산책을 하면서 눈길이 가는데 그도 흘끔 보면서 지나친다. 운동장으로 내려가 기다렸다. 서로 마주하고 "자네, ○○ 아닌가?" "어! 그래, 참 오랜만일세." "언제 내려왔는가?" 반갑게 손을 잡으며 인사를 나누었다.

그 친구는 항암치료를 받은 후 민간요법으로 치료를 하고 있었는데 몰라보게 수척해 있었고, 그래서 많이 힘들다고 했다. 그런데도 나는 위로할 말을 찾지 못했다. 그 후 보름쯤 지나 그 친구는 하늘나라로 먼 여행을 떠났다는 소식이 들려왔다.

임종을 돕는 일을 하다가 보면 중환자실에서 식물인간으로 여러 해를 보내거나, 불의의 사고나 난치병으로 의식을 잃은 채 남의 손에 맡겨진 삶이 무슨 의미가 있을까를 생각해 볼 때가 있다. 건강하게 산다는 것, 그리고 모든 이의 축복 속에 잠을 자듯 편안하게 마지막을 맞이한다는 것은 누구나 바라는 일이지만 이는 분명히 인간의 권한을 넘어서는 일이 아니랴.

얼마 전 친구의 장례식에 갔었다. 그 친구는 능력도 있고 인정이 넘쳐서 누구와도 친하게 지내는 편이었다. 입관 전, 시신을 수습하는 분이 마지막 여행이라며 노자를 준비하라고 한다. 가족이나 친지들은 떠나보내기를 아쉬워하며 먼 길을 가도 넉넉하리만큼 여비를 준비하여 드렸다. 문득 '저 노자를 정말 관 안에 넣어서 보내드리는 걸까?' 하는 생각이 스쳐 지나갔다. 잠시 후 노자는 챙겨져 다른 주머니에 보관이 되고 관 안에는 시신만 옮겨지고 뚜껑이 닫혀졌다.

얼마 후 관은 화장터로 옮겨지고 불 속으로 밀어 넣어졌다. 그 의식이 조금씩 다른지 여기에서는 '대화大火요.' 하는 소리도 없고 별다른 의식이 없다. 1시간쯤 뒤 분골이 되고 유골 함에 담겨져 땅에 묻혔다. 장례는 끝이 나고 조문객은 회한에 찬 한두 마디씩을 허공에 던지며 소리 없이 흩어졌다. 그렇듯 삶과 죽음은 종이 한 장 차이이고 긴 세월에 비기면 너무나 단순하다. 그런데 누구도 함께할 수 없으니 마지막 떠나는 길은 역시 혼자라는 걸 절감하게 한다.

대부분의 사람들은 살아가는 동안에 지위나 명예, 그리고 부를 얻기 위하여 옆도 돌아보지 않고 정력과 노력을 쏟아 붓지 않았던가? 과연 그 열매로 얻은 것은 무엇이고 잃은 것은 무엇일까? 재물이란 것도 그렇다. 수의에는 주머니가 없다. 돈이 있다고 해도 주머니가 없으니 가져갈 수가 없다. 돈 때문에 의가 상하고 사람이 다치고 힘든 일이 어디 한두 가지이던가? 아무리 큰 부자라도 얼마를 하늘로 가져갔다는 소리는 들어보지 못했다. 태어날 때 빈손으로 왔으니 또한 갈 때도 빈손으로 간다고 한다. 아마도 돈은 없어도 갈 수 있는 곳이 바로 천국이고 극락이 아닐까 싶다.

어떤 분이 '잘 사는 법'에 대한 강의를 하면서 욕심을 버리라고 하였다. 우리가 살아가면서 그 나름대로 겪은 어려운 일들은 모두가 욕심에서 비롯된 것일지도 모른다. 높은 자리를 탐해서 줄을 타고 올라갔다가 제 발로 걸어 내려오지도 못하고 엉금엉금 기어 내려오거나, 명예를 탐하다가 부정이 들통나 팔가락지를 차거나 떼돈을 벌려다가 오히려 사기를 당해 거지가 되는 일 등…… 어찌 말로 다하랴.

어찌 보면 지위나 명예나 돈은 아무 소용이 없다거나 쳐다보지도 말고 아래만 보고 살아가라는 말은 아닌 듯하다. 제 분수를 알고 지나친 집착에서 자유로워지라는 말로 들린다.

시간이 허락할 때, 잔디에 누워 푸른 하늘을 보라. 구름은 바람이 부는 대로 흘러가고, 새들은 그 하늘 아래에서 마음껏 날갯짓을 한다. 나무들은 땅에 뿌리를 내리고 고개를 쳐들고 거침없이 팔을 뻗고 있다. 그들은 주어진 그대로가 삶이고 희망이다. 그들은 오직 적응이 있을 뿐이고 한시라도 살아가는 걱정을 하지 않는다. 하늘과 땅 사이에서 만물의 영장이라고 거들먹거리는 인간들만이 잔꾀를 부리다가 오히려 거기에 묶여서 헤어나지를 못하고 있지 아니한가.

보통사람이야 어림도 없는 일이지만 '빈자의 성녀'로 추앙받는 '마더 테레사'의 삶을 본다. 인도에서 단돈 45루피(한화 천 팔십 원)로 사랑의 선교회를 설립하고 빈민, 고아, 나병환자 그리고 죽음만을 기다리는 사람들을 위하여 일생을 희생과 봉사의 삶을 살았다. 그리고 현재 126개국 200여 도시에 600여 개의 자선기관과 4,400여 명의 제2의 테레사가 그 뜻을 잇고 있다. 그에게는 남이 우러러보는 어떤 지위도, 명예도, 권력도, 재물도 주어지지 않았는데도 교황 요한 23세 평화상과 노벨 평화상이 주어졌다.

스피노자는 '지혜로운 사람은 죽음에 대한 생각으로 시간을 보내기보다 삶에 대한 생각을 하는 데 시간을 쓴다.'고 하였는데……. 산다는 것, 어떻게 살아가야 하는지 인간이면 누구나 그가 짊어진 십자가는 보이지 않는 '사랑'이라는 것과 그 끈이

이어져 있지 아니한가?

나, 너 그리고 우리, 그렇게 버둥대며 살아온 그 길을 눈을 감고 다시 한 번쯤 되돌아보면 어떤 그림이 그려져 있을까? 그리고 다시 어떤 그림을 새롭게 그려야 할지 깊이 생각해 보는 아침이다.

편안한 집에서

이름만 들어도 친밀한 느낌이 드는 곳이 있다. 강릉! 오죽헌과 경포대가 강한 이미지를 심어 주어서일까. 아름다운 산이 있고, 푸른 바다가 있고, 그 안에 인심이 철철 넘치는 사람들이 살 것 같은 곳이라는 생각이 들기 때문일까.

한국 호스피스의 발상지인 강릉 갈바리의원을 견학하려고 아직 어둠이 걷히지 아니한 이른 새벽에 출발하였다. 차창을 통해 낯선 풍경을 흘려 보내며 평소에 걱정스런 일들을 떠올린다.

"나는 호스피스 자원봉사활동을 제대로 하고 있는 것일까? 나를 거부하는 환자에게 신뢰를 쌓기 위해 정성을 다 쏟았는가? 호스피스 본래의 목적에 접근하기 위한 노력을 다하고 있는가?"

그 물음에 대하여 고개를 끄덕이기보다는 가로 저어진다. 자원봉사에 대한 회의가 들 때도 한두 번이 아니다. 오늘처럼 일상을 탈출하는 일도 자성하며 재충전하는 한 방법이 되리라.

갈바리의원, 큰길에서 버스의 진입이 어려운 골목 안에 자리하고 있어서 농촌의 조그만 의원이려니 생각했었다. 요즘은 농촌의 소규모 학교는 많이 폐교가 되었지만 한 층이 6학급 규모의 3층 건물이었다. 현관에서 선 채로 원장님의 안내를 받았다. 1층은 의원으로, 2층은 병실로, 3층은 수녀원으로 쓰고 있었다. 2층에는 2인 1실의 7개의 병실에 환자들이 입원하고 있기 때문에 문을 열고 기웃거리지 않도록 주의가 있었다. 환자를 배려하는 고마운 마음씨이다. 2층의 실내정원으로 안내되어 수녀님으로부터 현황 소개가 있었다. 남향으로 이어낸 복도 끄트머리에 몇 포기의 꽃을 심어둔 이름이 '아름다운 정원'이다.

갈바리 호스피스의 목적은 죽음을 인위적으로 연장시키거나 단축시키지 않고, 남은 생을 인간의 존엄성을 지키면서 편안한 죽음을 맞도록 돌보고, 호스피스 팀원들은 환자나 가족들의 의견을 존중하며 죽음도 삶의 일부라는 개념으로 오늘 하루를 여기에서 함께한다고 한다. 인간의 존엄성을 지킨다는 것, 환자나 가족의 의견을 존중한다는 것, 함께한다는 것, 참으로 인간적인 생각들이 죽음에 대한 두려움을 잠재울 수 있을 것 같다.

남은 삶이 3~6개월여 정도로 보는 환자에게 봉사자와 의사와 복지사가 함께 협의해서 환자(보호자)가 원하는 대로, 오늘이 최

후라는 생각으로 최선을 다하는 그 모습이 행복한 세상으로 그려진다.

'내 삶과 환자의 삶을 나누기' 위하여 환자가 원할 때까지 기다려 주고, 판단하거나, 선입견을 가지지 말고, '엄마의 마음'으로 환자를 돌보는 일이 어디 쉬운 일이랴.

병실마다 환자들이 편안히 쉬고 있다. 일반 병원과 다른 점이 있다면 네댓 개의 약봉지를 매달고 있는 환자가 보이지 않는다는 점이다. 그것만으로도 편안함을 준다. 환자와 보호자 그리고 봉사자와의 신뢰가 깊고, 모든 걸 서로 수용하는 상황이기에 분노, 외로움, 불안, 공포 같은 감정이 순화되어 버린 걸까. 갈바리 호스피스 프로그램을 보면서 참혹한 질병에 직면한 인간에게도 삶의 질을 높일 수 있다는 희망이 보인다. 병동간호는 물론 가정 호스피스 방문, 목욕 서비스, 미술치료, 물리치료, 음악치료, 가족상담, 생일잔치, 정원휴식 등 다양한 프로그램이 마음을 끈다. 특히 가족이 있더라도 보살핌을 받을 수 없는 사람, 가족이 없는 사람들을 우선하여 받아들이고, 종교에는 상관없이 죽음이 임박한 병든 이들에게 신체적 정신적 위안을 주는 일이 참 귀한 몫이 아닌가.

이곳에서 '어머니'를 하늘나라로 보낸 어떤 아들의 수기가 뇌리를 맴돈다. "어머니! 제가 당신의 아들이라는 것이 언제나 자랑스러웠고…… 당신은 내 곁을 떠난 것이 아니라, 내 마음속에 이렇게 살아 계십니다. 당신께서 아프시던 3년 중 갈바리 의원에서의 7개월은 당신께서 마지막으로 저에게 베푸신 커다란 은혜의 시간이었습니다……. 이제 편히 쉬세요. 그리고 제 마지막 소원을 들어주세요. 꼭 다음 세상에서도 당신의 아들로 태어나고 싶습니다. 제가 어머니를 통해 받은 사랑을 잊어버리지 않고 다른 사람에게 전할 수 있는 사람이 되게 해 주세요."

여운이 짙다 그리고 푸른 가을 하늘처럼 높다.

호스피스 자원 봉사의 여건이 어렵더라도 갈바리 영성은 가슴에 새겨야 할 것 같다. 갈바리를 떠나며 봉사자의 기도를 떠올린다. "자비로우신 하느님, 저희 각자가 환자들에게 기쁨과 평화를 나누어 줄 수 있게 해 주시고, 오늘 하게 되는 모든 일들이, 세상의 명예를 얻기보다는 오히려 세상에 숨겨지고, 사람들의 기억 속에 잊혀지고 어리석게 보여 사람들에게 무시당하면서 봉사하게 되는 당신의 사명을 살게 하소서."

병실에서 환자의 고통을 지켜보며 '함께 살아가는 삶'이 되도록 용기와 힘을 주시기를 청원한다. '죽음'이란 것도 삶의 일부임을 생각한다면 여행으로 많은 것을 얻고 배우듯이 다른 세상으로의 긴 여행에서 모든 걸 훌훌 털어 버리고 기쁘고 가볍게 떠날 수 있게 되기를 희망한다.

이제 호스피스의 자원 봉사는 희망 없이 '죽음을 기다리는 사람'을 돌보는 일이 아닌 '남은 삶을 충만히 살아가는 사람'들과 함께한다는 것임을 깨우친다.

갈바리처럼 '편안한 집'이라면 더없이 좋겠지만…….

사는 법

요즘은 자주 부음을 듣게 된다. 물론 호스피스 자원봉사와 관련이 깊은 일이긴 하지만 그때마다 애절한 사연이 떠올라 숙연히 옷깃을 여미게 된다. 대개 말기암 환자일 경우 죽음이 예견되는 일이긴 하지만 환자 자신이 치료의 어려운 고비를 잘 견뎌내고, 늦긴 하였지만 더 잘 살아보겠다는 각오를 가상히 여기시어 치유의 은혜를 간구하지만 '아, 역시 그렇구나!'하고 체념할 수밖에 없다.

선종한 50대 초반의 간암환자! 병실에서 첫 대면을 하였을 때 "어려운 수술도 잘해주셔서 감사하고, 이제 퇴원해서는 산에도 자주 오르고, 텃밭에 무공해 채소를 가꾸어 가족의 건강도 지켜야겠다."고 했었다. 서너 달 뒤에 다시 입원을 하였을 때에는 알아보지 못할 정도로 초췌해 있었다. “건강이 나아진 듯하여 좀 무리를 한 것 같다.”며 티 없이 웃었다. 그 뒤 황달이 오고 상태가 악화되어 중환자실로 옮겨지고, 병자성사를 받은 이틀 뒤 하늘나라로 가셨다. 부인은 “안드레아 씨가 눈을 감지 않아요.”하면서 흐느낀다. “사랑스런 아내, 대학생인 딸, 고등학생인 아들을 두고 어찌 쉽게 눈을 감겠느냐.”고 위로의 말은 하였지만…….

지금까지 겉으로는 너무 바쁜 걸음으로 살아온 것 같다. 친구들에게도 가끔 전화를 해보면 다들 바쁘다고 한다. 직장을 떠나고도 할 일이 많으니 퍽 다행한 일이다. 그러나 아무리 바빠도 눈, 입, 손이 각각 다른 일을 할 수도 없고 그리고 바쁘게 일한 만큼 보상이 주어지는 것도 아님을 잘 안다. 어떨 때에는 희망사항일지라도 며칠만이라도 일에서 벗어나고, TV나 전화, 시계의 구속에서 해방된 시간을 그릴 때가 있다.

깊이도 그렇다. 특정 분야의 지식이나 능력은 노력에 따라 어느 정도는 발전시킬 수 있다고 하지만 타고난 재능은 결코 무시할 수 없다. 좋은 글 ‘한 편’을 위해 여러 날을 고민하고, 그 한 편이 영원한 과제로 남아 수백 편을 그려내는지도 모른다.

자연 그대로의 모습이 참으로 아름다운 것처럼 하찮은 일에 구차하게 의미를 부여하면서 치장하고 시간을 낭비할 게 아니라 본래의 모습이었으면 한다. 어쩌면 사람들은 욕심이 지나쳐 자기 인생에서 고역을 자초하는지 모른다. 무엇을 이루려 하더라도 적당한 선에서 만족하는 지혜를 배워야 할 것 같다.

아이들은 엄마가 입혀주는 대로 입고, 배가 고프면 먹고, 잠이 오면 어디서든지 잔다. 먹을 때는 먹기만 하고 잘 때는 잠만 잔다. 다른 생각은 하지 않고 한 가지만으로 자기의 세상을 스스로 만들어 간다. 모든 욕심을 던져버리고 오직 한 목표만을 염원하는 수도자나 수도승의 구도의 길도 이와 비슷하지 않을까.

누구나 병의 고통에 대해 분노를 나타낸다 하여도 호전되지 아니하기에 수용하는 분들을 만나면 참 좋은 몫을 타고났다는 생각을 할 때가 있다. 또 긍정적인 마음가짐은 누구에게나 평온함을 준다.

이곳 아파트 가까운 곳에 초등학교가 있어서 아침 일찍 일어나 운동장을 걷는다. 10바퀴쯤 걸으면 3,000보 정도이니 알맞고 더구나 도시에서 흙을 밟을 수 있으니 더더욱 좋다. 한참을 걷다 보면 뒤를 따르던 사람들이 앞서기도 하고, 어떤 이는 뒤로 걷기도 한다. 앞서다가 뒤서고, 바로 걷다가 뒤로 걷고, 더러는 운동을 끝내고 의자에 누워 하늘을 보기도 하고, 동아리끼리 걸으면서 재잘대기도 한다. 이런 게 인생여정이라는 생각도 들 때가 있다.

코헬렛(1, 2)에 '허무로다, 허무! 모든 것이 허무로다.'라고 말한다. 그것도 직장에서 나와 할 일이 별로 없을 때 '아! 그렇구나!'하고 무릎을 쳤다. 살아가는 동안에 갖가지의 요인들 즉 쾌락, 부귀, 명예 등은 숨처럼 필요한 조건들일 수는 있지만 숨이

찰나적인 것처럼 이것을 본질인 양 소유하려 하고, 자기 것으로 고정시키고자 한 그 노력들이 헛됨을 이야기한 것이리라. 이 세상 어느 것도 영속적인 것도 없고 스쳐 지나가는 것이거늘 지나친 집착과 과도한 욕구가 삶을 몹시 힘들게 했다.

남은 시간들을 누구에게도 빚짐이 없이, 본래 그대로의 모습으로, 긍정적인 삶을 이어갈 수 있으면 얼마나 좋을까.

단순한 삶, 그것이 최고의 아름다움으로 남는다.

그 만남

— 호스피스 봉사자의 일기

 가슴이 찡한 만남이 있다.

〈그 사람이 보고 싶다〉라는 TV프로그램을 본다.

강보에 싸인 젖먹이는 쪽지에 적힌 이름과 생년월일만으로 해외에 입양되고, 세월이 흘러 이제는 늠름한 청년으로 성장하였다. 양부모와 함께 부모의 땅을 찾아와 그것도 통역을 앞세워 "지난날이야 어찌되었건 원망하지 않는다."는 조건까지 붙여가며 혈육을 찾고자 한다. 그 소망이 너무도 간절하여 만남의 기적이 일어나길 염원하기도 한다. 어떤 이는 헤어진 뒤 부모나 형제자매의 이름을 잊지 않으려고 수백 번을 입에 담았다는 얘기엔 할 말을 잃는다. 수십 년을 애타게 그리다가 천행으로 만나 얼싸안고 울부짖는 모습을 보노라면 그들처럼 비슷한 감정에 젖어서 주책없이 눈물을 주르륵 흘릴 때가 있다.

사람들은 누구나 일생을 건강하게 살기를 희망한다. 그러나 그건 희망사항일 뿐 크거나 작거나 병을 얻고 그 고통에서 자유롭지 못한 것도 사실이다. 그러나 그 고통을 받아들이는 방법도 사람에 따라 크게 다름을 본다.

호스피스 봉사자는 병실을 방문하기에 앞서 대상 환자들에게 기쁨과 평화를 나누어 줄 수 있게 도와주시기를 청원하며 어떤 어려움도 이겨낼 수 있게 마음을 다잡는다. 그러나 평범한 인간이기에 때로는 실의에 잠기기도 하고 쉬이 무너져 좌절을 맛보기도 한다. 단지 '도구일 뿐이다.'라는 생각은 하지만 인간적인 감정에 치우치기 마련이니 어찌하랴.

50대 중반의 남자, 백혈병으로 투병하고 있는 이 환자는 늘 명랑하고 유머러스하여 합동병실을 웃음바다로 만들곤 하였다. 치유에 대한 의지도 강하였고 모든 걸 긍정적으로 받아들였다. 그래서 투병의 어려움 속에서도 늘 행복하게 보였다. 참 좋은 몫을 타고난 분으로 기억이 된다.

대부분의 말기 암 환자들은 통증에 시달리며 참으로 견디기 어려워한다.

"지금까지 살아오면서 크게 죄 지은 일도 없는데 왜 내가 이런 병에 걸려 고통을 받아야 하는가?"에 대해 헤어나지를 못한다. 그리고 거의 대부분의 사람들은 일차적으로 친척이나 친지의 방문은 물론 봉사자, 의료진의 치료까지도 거부해 버린다.

호스피스 봉사자는 새 환자에 대한 아주 기본적인 정보만을 갖고 있고, 처방을 하는 전문의도 아니고 친분이 두터운 사이도 아니다. 그러기에 가까이에서 환자를 지지하고 남은 시간 동안 편안하고 충만한 삶을 돕는 일이니 힘겨울 수밖에 없다. 병실의 문을 밀고 대상 환자의 침상까지의 거리가 너무나 멀게 느껴질 때가 자주 있다. "힘드시지요?"하고 말을 건네며 서먹서먹한 분위기를 바꿔보려 한다. 그러나 환자나 보호자가 다 지쳐있는 상태여서 말 붙이는 일조차도 그리 쉽지 않다. 대개 환자의 가족이 간호를 하고 있으나 혈혈단신인 경우도 없지 않다.

의료보호 대상자인 50대 초반, 직장암이 폐로 전이가 된 환자, 가족이 없이 혼자서 투병하는 외로운 환자다. 병이 깊어져서 걷는 건 물론 일어나 앉지도 못하는 중환자였다. 전혀 말이 없고 물으면 기어 들어가는 목소리로 예, 아니오, 몇 마디가 고작이었다. 죽도 넘기지 못하고 팔다리가 아파서 견디기 힘들어 했다

첫 만남의 과제는 환자와 대화를 트는 일과 침상 주변의 청결이었다. 우선 환자의 양해를 얻어 따스한 물수건으로 얼굴과 온몸을 닦아주고, 팔과 다리를 주물러주어 통증을 완화시켜주고 침대 주변을 정리하였다. 여러 날 뒤, 수염이 자라 면도를 해주기도 하였다. 이렇게 눈치를 살피며 돌보길 수주일이 지났다. 마음의 빗장이 열리는 듯하였다. 믿음이 가서인지, 아니면 머리가 하얗게 된 노인이 수발하는 게 미안하였던지 이제는 병실에 들어가 손을 잡으면 눈인사도 하고, 아주 작은 목소리로 "수고

하셨어요."라고 고마움을 나타내기도 하였다. 어느 날 '무엇을 도와드렸으면 좋겠느냐.'고 했더니 가족사항에 대하여 함구하던 환자가 "순천에 있는 누나한테 가서 죽고 싶다."고 어렵게 입을 열었다. 이제 한두 주일 더 버틸 수 있을지 모르지만 죽음을 준비하는 가장 절실한 소원이 아니랴.

천사의 손길이 대구와 순천을 이어 주었다. 일주일쯤 뒤에 소식이 끊겼던 누나와의 만남, 생의 마지막 소망이 이루어지는 환희에 젖으며 간절한 희망은 '누구에게나 그냥 버려두지 아니하신다.'는 섭리의 오묘함을 느낀다.

만남! 기쁨의 눈물이 쏟아지고, 슬픈 이별의 흐느낌이 있다. 그 만남은 모두 다 평화의 강물이 넘치지만 살아서 헤어졌던 혈육과의 만남은 앞으로의 삶에 대한 희망의 환희요, 또 다른 하나, 죽음을 준비하는 환자의 혈육과의 만남은 영원한 삶과 평화의 안식을 주는 최고의 환희가 아닐까?

선생님 달 한 번 보세요

정월 열이렛날, 늦은 저녁시간이다. 책장을 넘기다가 한 구절에 마음이 멎었다.

'몸이 아파도 낮에 아픈 것보다는 밤에 아플 때 더 고통스럽다.' 밤은 빛이 결여된 시간이요, 죽음이 위세를 떨치는 시간이다.' '아, 그렇다. 참 맞는 말이구나.'라는 생각을 하면서 하루에 한 가지씩이라도 좋은 말들을 가슴에 새기고 살았어도 뭐가 달라도 달라졌을 텐데, 그러나 심약한 건지 보통 작심삼일로 끝나 버려서 후회는 하지만 그런 것에 크게 연연하지는 않는다. 휴대폰이 '찌르 찌르' 하고 울린다. 메시지가 왔다는 신호지만 별로 신경이 쓰이지 아니한다. 사실은 그 기능에 대해서는 까막눈이기도 하고, 딱히 그런 걸 나한테 보낼 사람도 없으니 말이다.

하루에 한 번쯤(그것도 없는 날이 더 많지만……) 벨소리가 울리면 받기나 할 뿐 주소를 저장하거나 더더구나 문자메시지를 보내는 건 엄두도 못 낸다. 그러니 나에겐 젊은 사람들처럼 들고 다녀야 하는 필수품도 아니고 그렇게 소중하다는 생각도 아니한다. 외출할 때 챙기지 않고 나갈 때가 더 많다. 그게 오히려 성가시지 않고 편하다는 생각이 들기 때문이다. 문자 메시지도 앞에 두어 글자를 읽어보고는 닫아버린다. 거의가 대출이니, 아파트 분양이니, 행운의 당첨이니 하여 모두 관심 밖의 내용들이기 때문이다. 어떨 때는 열지도 않고, 몇 개가 쌓이고 나면 새로 띄우지 못해 못 읽는다. 가끔은 집사람이 외출할 때 들고 나가기도 하지만 걸려오는 전화는 가물에 콩 나기이다.

휴대폰 덮개를 열었다. 녹색 창에 글자가 엉긴다. 창문의 커튼도 열어젖혔다.

아파트단지 안에는 앞 동棟에 불 켜진 몇몇 집만 환하고 하늘은 보이지 아니한다. 온 천지가 밤기운에 싸여 희뿌옇다. 문득 세 돌 지난 손녀가 잘 하는 말투가 생각이 났다. 자신의 힘으로 할 수 없고 도움을 받아야할 때 손녀는 '할아버지, 어떡하지! 정말 어떡하면 좋지.' 하고 입버릇처럼 뇐다. 그래, 창문 밖으로 고개를 내밀어 봐도 하늘을 볼 수 없으니 어떡하지, 웃음이 묻어난다.

엘리베이터를 타고 내려가 밖으로 나갔다. 한 동棟이 100여 세대가 넘는 25층의 아파트 20여 채가 동서남북을 막아 버티고 서 있으니 손바닥만 한 크기의 하늘이 드러날 뿐이다. 아파트

뒤편으로 돌아가 보았으나 역시 마찬가지이다. “이 숲을 벗어나 큰길가로 나가야 되겠구나!” 하는 생각이 들었다. 며칠째 꽃샘추위인지 얇은 운동복 속으로 찬바람이 스며들면서 오싹 추위가 느껴진다.

하늘이 점점 넓어진다. 동쪽 하늘, 늘 해 뜨는 자리 서너 발쯤 위에는 아주 해맑은 둥근 달이 솟아 올라와 있었다. 내 능력으로는 그 정경을 그려내기가 어렵다. 어느 노래에서 들은 ‘쟁반 같은 둥근 달’인데……, 은빛 한복을 단정히 입고, 기다림의 미소를 머금었다. 모든 시련도 고통도 내 것으로 삼아 참고 견뎌온 우리의 어머니 같은, 그리고 질그릇처럼 투박하지만 누구도 흉내낼 수 없는 순박한 아름다움을 간직한 구원의 여인상으로 그려도 될까.

온몸에 세계지도와 같은 그림자를 드리우고 있지만 동화를 그리는 아름다움이다. 어느 날 청순한 아가씨가 건네준 산국山菊의 향기를 접했을 때처럼 상큼하다. 하늘 한쪽에 연한 청색을 바탕으로하고 그 가운데 환한 달이 놓여 있다. 서쪽하늘에는 점점이 별들도 박혀 있다. 언젠가 중국 장가계의 여행에서 끝없이 펼쳐진 수려한 경치를 보고 아무 말 못하고 그냥 멍하니 쳐다만 보았듯이 이 또한 그보다 더 진한 감동을 안긴다.

한참 동안 길가에 서서 그 아름다움과 상상에 빠져들었다가 한기를 느껴 집으로 발걸음을 옮긴다. 다시 책상 앞 그 자리에 앉으며 달에 대한 회상을 떠올린다.

포항에서 멀지 않은 바닷가 횟집에서 밤늦은 시간 우연히 밖에 나왔다가 달빛에 하얗게 부서지는 파도를 보고 '하얀 바다'를 생각했었다. 거제도 바닷가에서 달을 지고 모래톱을 여러 시간 걷기도 하고, 파도소리를 들으며 소주잔에 달을 담아 마시던 일들이 여러 해를 넘겼다. 지금은 밤늦게 나다닐 일도 없지만 아파트에 갇혀서 안주하며 사는 데 익숙해진 탓인지, 아니면 감각이 소멸된 탓인지 그런 걸 느낄 기회마저 잃고 있다. 한겨울 눈 덮인 한라산을 오르며 살을 에는 차가운 눈보라를 맛보았고, 소백산을 오르고 희방사 쪽으로 하산하면서 등산에서 내려가는 길이 얼마나 힘 드는가를 알았고, 이집트의 시나이 산을 오르면서 살인 더위가 어떤지를 체험한 것이다. 백문이 불여일견이란 말을 이제는 알 것도 같다. 사람들은 건성으로 담아서 그 골갱이를 모르고 사는 건지도 모른다.

휴대폰에 남겨진 문자 메시지가 그대로 열려 있다.

"선생님, 시간이 되시면 달 한 번 보세요. 정말 환하고 예쁘답니다."

그래도 오늘 같은 달이 떠 있어서 밤이 고통스러운 것만은 아닌 것 같다.

열이렛날, 하늘에 걸린 둥근 달, 울퉁불퉁한 돌덩이라고는 하지만 태양 빛을 받아 아름답고 신비로운 밤을 만들고 있지 아니한가. 그리고 정말 환하고 예쁜 모습을 닮고 있지 아니한가. 고상苦像을 쳐다보며 두 손을 모아 끝 기도의 한 구절을 염한다.

"……자는 동안에도 지켜주시어 편히 쉬게 하소서!"

이웃을 위하여

 이웃을 생각한다.

회갑을 맞아 두 딸이 마련해 준 여행 경비로 이집트와 이스라엘로 성지순례를 떠났던 부부가 있었다. 시나이 산 정상 가까이에서 갑작스레 남편이 쓰러졌다. 부인은 남편의 시신을 가슴에 안고 혼자서 돌아왔다. 슬픔에 짓눌려 몸을 가누지 못하고 취토를 하면서 쏟은 그 말이 잊히지 않는다.

"여보 미안해, 혼자만 돌아와서……" 이 회한의 소리가 크게 들린다.

만일 곁에서 "이웃이 쓰러져 죽어가고 있다면…… 너는 어찌 하겠는가?"

지난해 시나이 산에 오른 기억을 떠올린다. 시나이 산은 시나

이반도 남부 중앙에 있는 2,285m의 성산이다. 모세의 이집트 탈출사건과 관련이 깊고, 하느님의 발현이 있었고, 이스라엘 백성이 모세를 통해 십계명을 받은 풀 한 포기 없는 붉은 돌산이다. 보통 순례자들은 이 산 아래 해발 1,500m 지점에 있는 성 카타리나 수도원에서 오른다. 낙타를 타거나, 걷거나 산의 중턱까지 올라가서 마지막 750여 개 돌계단을 오르면 성 삼위일체 성당과 이슬람교 사원이 정상에 있다. 새벽 1시 반쯤에 출발해서 4시간쯤 오르면 가장 아름다운 일출을 볼 수 있는 산이기도 하다.

부인은 흐느끼며 말을 이었다. “낯선 팀에 끼여 성지순례를 떠났습니다. 그들도 모두 하나님을 믿는 사람들이었습니다. 날씨도 축복해 주었습니다. 우리는 손전등으로 길을 밝히며 손을 잡고 살아온 얘기를 나누며 올랐습니다. 중간쯤 간이휴게소에서 컵라면으로 허기를 때우고 내가 먼저 일어나 앞장을 서고 한참을 올라갔습니다. 어디선가 누가 쓰러졌다는 소리가 들려왔습니다. 그것도 ‘어느 교회’에서 온 사람이라는 소리가…… 혹시나 하며 아래로 뛰어 내려갔습니다. 쓰러진 사람은 남편이었습니다. 남편은 꼬꾸라진 채 긴 숨을 몰아쉬고 있었습니다.

같이 온 사람들은 산정에 올라가서 예배를 드린다며 쓰러진 사람에게는 눈길도 주지 않고, 하나 둘 그 옆을 서둘러 지나가 버렸습니다. 다른 곳에서 온 순례자 한 분이 체구가 큰 남편을 간신히 등에 업고는 힘겹게 내려오다가 여러 번 넘어졌습니다

(바로 밑은 천 길의 낭떠러지인데……). 그리고 너무 지쳐서 현지인의 도움을 받아 내려오다가 그것도 힘이 들어 산 중턱에서 낙타의 등을 빌어 하산을 하였습니다. 그 사이 남편의 숨은 멎어 버렸고 하늘은 내려앉았습니다. 앰뷸런스가 올 때까지 몇 시간 동안 남편을 안고 이집트 땅 길바닥에 주저앉아 있었습니다."

착한 사마리아인이 떠올랐다. 강도들에게 맞아 초주검이 된 사람이 있었다. 사제가 그를 보고는 길 반대쪽으로 지나가고, 레위인도 길 반대쪽으로 지나가 버리고……. 그런데 여행을 하던 사마리아인은 가엾은 마음이 들어 상처에 기름과 포도주를 붓고 싸맨 다음 자기 노새에 태워 여관주인에게 돌보아 주기를 부탁하였다.

더 좋은 방법은 없었을까?

같이 온 건장한 사람들은 하산을 도와 빠른 시간 안에 치료를 받게 해줄 수는 없었을까?

쓰러진 사람을 외면하고 정상에 올라 하나님께 예배를 드리면 "잘 했다."고 하시며 그 예배를 즐겨 받으실까?

정상에 못 가더라도 정신을 잃은 부인을 위로하고 어떤 도움이라도 베풀 수 있지 않았을까?

그렇다. 분명 매듭은 있었다. 어떻든 사람들의 생각은 모두가 같지 않다는 걸 잊고 있었다. 더구나 모든 사람이 다 사마리아인이 될 수는 없지 아니한가? 그러나 뭔지는 모르지만 너무나 허전하다.

하느님 사랑과 이웃사랑은 같은 계명의 양면이라고 한다. 하느님께 대한 사랑은 이웃사랑으로 나타날 수밖에 없다. 그리고 먼저 하느님 사랑을 깨닫지 않으면 이웃사랑도 실천할 수 없다는 사실도 지나쳐서는 안 된다. 문제는 앎이 아니다. 말로만 그럴듯하게 믿는 것, 그건 차라리 믿지 않는 게 낫다는 건 편협한 생각일까?

죽음을 맞은 그에게 평화의 안식을 기원하며 슬퍼하는 부인에게 위로를 주시길 빈다. 잔잔한 말씀이 귓전을 맴돈다.

'너는 이웃을 위하여 어떻게 살고 있는가?'

외등

월요일 오후, 가까운 송정자연휴양림에 갔다.

가끔 친구들과 함께 여러 곳의 자연휴양림에 들릴 때마다 새로운 맛을 느낀다. 비록 하루 정도 머물다가 오지만 맑은 물소리에 끌리기도 하고, 우거진 백송 숲에 이국의 정취를 느끼기도 하고, 때 묻지 않은 오솔길에 마음을 빼앗기기도 한다.

오늘은 분도수도회의 성직자가 설립한 장학회의 운영을 돕기 위한 모임이다. 지금까지 아무런 도움도 되지 못한 듯하여 늘 마음에 빚을 지고 있다.

어둠이 몰려오는 늦은 시각에 '소나무 집'(휴양림의 숙박시설인 '숲속의 집'의 이름)에서 짐을 풀었다. 이 모임은 섬기는 사람,

종으로 살려고 생각하는 사람들이 많아 참 편안하다. 어떤 행사에도 서로가 헤아려 준비를 하고 봉사를 한다. 시월이지만 늦더위로 툇마루에 나와 모기향을 피우고 처마등을 밝히고 삶을 나누며 술잔을 기울인다. 이해하려는 분위기가 참 마음에 든다. 연인들처럼 그저 쳐다만 보아도 좋다. '소나무 집' 20여 미터 밖 기반산(464m) 기슭에 외등 하나가 서 있다. 외등을 보면 '등대', '외로움', '빛' 등의 말들이 떠오른다. 사람들은 빛은 어둠을 몰아낸다고 말들을 한다. 자세히 보면 빛이 있어도 어디든 다 밝히는 것도 아니고 늘 그림자를 끌고 다닌다. 그렇다. 빛은 항상 어둠과 같이 한다는 걸 잊고 있었다.

외등을 보면 오래전에 읽은 ≪사랑의 등불≫(명상의 숲, 정학근 엮음)이라는 이야기가 생각난다.

한 나그네가 어두운 밤길을 걷고 있었다. 길은 낯설고 사방은 캄캄해 불안과 두려움으로 가득 차서 더듬더듬 걷고 있었다. 그때 먼 곳에서 반짝반짝 불빛이 보였다. 나그네는 힘을 다하여 가까이 갔다. 뜻밖에도 등불을 들고 있는 사람은 앞을 못 보는 사람이었다.

"아니 당신은 앞을 못 보는 분이시군요. 그런데 어찌 등불을 들고 계십니까?"

"저에게 등불은 소용이 없지만 다른 사람에게는 도움이 될 것 같아 들고 다닙니다."

어쩌면 자신보다 남을 생각해 등불을 들고 다니는 저 사람의 마음이야말로 진정한 등불이 아닐까?

이 모임에서는 외등처럼 사는 분들을 만난다. 인간이라면 누구나가 우러러보는 높은 자리에 앉고 싶어하고 섬김을 받고 싶어하지 않을까?

비록 성직자라 할지라도 누구도 선뜻 달려들지 아니하는 소외되고 힘없는 사람들을 찾아 흔적 없이 도와주는 일이 어디 쉬운 일이랴?

30여 년간 소외된 나치유자 자녀들과 소년소녀 가장들을 찾아서 숱한 이야기를 가슴에 묻으며 그들을 돌보는 일을 묵묵히 해오신 성직자. 더구나 어려운 여건임에도 장학회의 일을 집안 살림하듯이 도와주고 있는 봉사자.

그리고 작은 신앙공동체에서 상사喪事가 났을 때 밤낮을 가리지 않고 제일 먼저 뛰어가 위로하고, 즐겨 봉사하는 위령회장님. 그리고 사회와 격리된 외진 곳에서 어려운 사람들의 삶의 터전을 마련해 주고 그들의 일을 자기의 일처럼 도와주고 신앙의 공동체를 이끄는 데 헌신하는 공소회장님…… 이 분들은 '외등' 같이 살아오신 분들이다. 이런 일은 자기의 희생 없이 말로만 되는 일은 아니다. 인생에 있어 긴 시간이 아니어도 존경하는 분들과 함께할 수 있음은 큰 행운이다.

지난 삶의 이야기에 묻혀 새벽 2시가 지났다. 길에는 지나가는 사람이 없는데도 외등은 아직도 길을 밝히고 있다. 혹시 이 캄캄한 밤에 산토끼나 노루가 길을 잃고 헤매고 다닐까 봐 걱정이 되는가 보다.

밖이 훤하다. 깊은 산속이어서일까? 나무가 내뿜는 피톤치드(산림욕의 효용근원인 물질) 때문일까? 피곤이 가시고 몸이 퍽 가볍다. 혼자 기반산에 올랐다. 몹시 가파르다. 소나무, 밤나무, 박태기나무, 참나무들 사이로 길을 찾는다. 참나무 밑에는 도토리가 여기저기 흩어져 있고, 밤나무 아래에는 입을 벌린 밤송이가 알밤을 던져 놓았다. 알밤을 줍는다. 새가 머리 위를 날고 바람이 스치며 휘파람을 분다. 빨간 꽃을 피운 구절초 한 송이가 얼굴을 붉힌다. 아침 해가 빛살을 뿌리며 떠오른다. 모든 게 평화로운 아침이다.

그렇지. 외등처럼 살아가는 일이 쉽지는 않겠지만 그런 빛이 아쉬운 세상이다.

그래도 향기 나는 세상인 걸

하늘이 무너지고 땅이 꺼지는 굉음이 들렸다.

나라 밖에서 이라크 전쟁이 터지고, 나라 안에서는 대구중앙로 지하철역에 큰 불이 났었다. 원인이야 어쨌든 그 희생은 엄청나게 컸다. 희생자들이 남긴 목소리나 글에 담긴 한은 메아리로 울리지만 남은 자들의 아픔과 고통은 어찌 다 말로 헤아리랴.

이 세상의 모든 일이 그렇듯이 시간이 흐르고 나면 잊히기 마련이지만 사랑하는 부모와 자식과 형제를 비명으로 보낸 남은 자들의 그 상처를 치유하기에는 인간의 능력으로는 한계가 있을 뿐이다. 다행히 '네 탓이 아닌 내 탓'으로 생각하는 많은 사람들이 손을 잡아 주고 일으키려는 그 노력이 모아져 솟아날 구멍을 만들고 있다. 희망의 빛이 스며들고 있다.

산산한 늦가을 오후다.

아파트 베란다에 나와 흩날리는 나뭇잎을 물끄러미 내려다보며 서 있다. 전화 벨소리가 울린다. 수화기를 집어들었다.

"예에, 감삼동입니다"

"저어, 황봅니다."

"예에, 교장선생님……?"

퇴임 전 근무지인 포항의 송도해수욕장 옆, 숲이 우거진 학교에 계시는 교장선생님이 주신 전화다.

"허어, 황보 교장선생님! 참 반갑습니다. 어쩐 일이세요."

"……얼마 전 동산공원에 동백나무 세 그루를 심었어요. 요즈음 비가 오지 않아서 걱정입니다. 한 번 놀러 오세요."

한참 동안 멍청히 서 있었다. 참 뜻 밖의 일이다.

사람들은 누구나 남들에게는 알려지지 않았더라도 크고 작은 아픔을 지니고 있다. 세월이 흐르면 그 어떤 고통과 슬픔, 은혜로움이나 저지른 허물도 없었던 것처럼 잊으면서 살아간다. 더구나 근무지에서 늘 도움만을 받아온 터이고 퇴임한 지도 수년이 지났으니 관심을 갖지 아니한들 섭섭해 할 이유도 없다.

수년 전 친구들과 술잔을 기울이며 흘린 말을 깊이 새겨두고 있었나 보다.

포항과 구룡포의 중간쯤, 동산공원의 산 중턱에 '사랑하는 맏딸 크리스티나'의 무덤이 있다. 10여 년 전 남편과 두 아들을 남겨둔 채 훌훌히 떠났다. 그해 유치원을 보내려던 탁이가 중학생이 되었고, 젖먹이였던 현이가 초등학교 5학년으로 자랐다. 긴 세월, 해돋이에서 해넘이까지 그 어린것들이 쏟은 숱한 눈물이 강을 이루었으리라.

'어허, 참……' 술자리에서는 아예 생각을 떠올리지 않으려 한다. 취기가 오르면 저절로 가슴이 열리고 눈에서는 이슬이 맺히곤 한다. 친구들은 '이제는 잊게 나!'한다. 그때 '무덤의 가장자리에 꽃나무를 심었으면……'했다." 그 후 한 친구는 여러 포기의 철쭉꽃을 심어 주었고, 오늘은 동백나무 세 그루가 심겨졌다는 전화다. 아픔을 다독거려주는 손길은 천사의 손길이다. 삭막함만이 채워진 동산공원의 산 중턱, 외로움이 짙은 그 곁에 그저 한 포기의 소담스런 꽃을 피워주고 싶었을 뿐이었다. 그 일은 다시 생각을 해 보아도 결코 쉬운 일이 아니다. 날을 잡고, 묘목과 연장을 챙기고, 낯선 공원을 오르고, 온 산을 헤매며 '서울의 이 서방'을 찾듯 '크리스티나의 무덤'을 확인하고, 땀을 흘리며 꽃나무를 심는 그 모습이 뇌리에 새겨진다.

아…! 돈을 준들 선뜻 나서랴. 그 마음들이 영롱한 빛으로 다가온다. 어려움 속에서도 곳곳에서 사람들의 향기가 피어올라 살맛나는 세상을 만들고 있다.

구름이 하늘을 가리고 있어도 분명 해는 밝게 빛나고 있지 아니한가.

난석蘭石을 사며

저녁 산책에서 돌아오는 길에 난 꽃집 앞에 섰다. 여러 해 전에 춘란 두 분을 친구에게서 얻어 왔다. 그해부터 꽃대를 내밀어 해마다 진한 향을 풍기며 나비 같은 꽃을 피웠다. 그런데 작년부터는 꽃대가 올라오더니 말라버리곤 하였다. 사실 난에 대한 전문지식이 없으니 난의 정확한 이름도 모르고 왜 꽃대가 시들어버리는지도 알지 못했다. 그저 베란다에 두고 물을 주는 일이 전부였다. 친구도 산에서 난을 캐다가 산 흙에 그대로 심었다고 한다. 아마도 자연 그대로 둔 것이 꽃을 피우게 했는지 모르겠다.

몇 년 동안 꽃을 보기만 하였으니 분갈이라도 해주려고 꽃집에 들러서 난석을 찾았다. 아가씨는 화분 하나에 넣으면 알맞은

양으로 굵은 것, 중간 것, 잔 것으로 나누어 비닐에 포장된 것을 내놓으면서 1,000원이라고 한다. 넉넉하게 세 봉지를 사왔다. 그리고는 가르쳐준 대로 뿌리를 정리하고 분갈이를 하였다. 작지만 이 정성이라도 알아주기를 소원하면서…….

걸어서 20여 분 거리에 막내가 산다. 초등학교 3학년인 맏손녀는 작은 화분에 심은 풍란 두 포기와 금붕어 두 마리를 기르고 있다. 말로는 자기가 기른다지만 내 차지가 되어 일주일에 두어 번 청소도 하고 물도 갈아주고 먹이도 준다. 하굣길에 친구들과 이야기를 하면서 한 친구가 "자기가 키우는 거북이는 자기의 말을 잘 듣는다."는 말에 손녀는 "우리 집 금붕어는 아빠 엄마 말은 안 듣고 할아버지 말만 듣는다."고 말해 깜짝 놀라게 했다. 어떻게 그런 기발한 생각이 떠올랐을까? 금붕어는 내가 먹이를 주면 흡사 말하는 것처럼 연방 입을 벌리고 헤엄치며 떠오른다. 동식물도 사랑을 주면 잘 큰다는 걸 느껴서 한 말일까? 아니면 선한 경쟁심이 일어난 것일까?

어느 날, 할인점 앞을 지나다가 어항 옆에 둔 손녀의 풍란이 생각났다. 꽃도 피워보지 못하는 안타까움에 분갈이나 해주려고 구석진 조용한 꽃집에 들렀다. 며칠 전에 산 것과 똑같은 난석이 1,500원이란다. 순간적으로 비싸다는 느낌이 들어 얼마 전에 천 원에 샀다고 말해 버렸다. 종업원 아가씨는 난처한지 아무 말도 하지 않고 포장된 난석을 들고 멍하니 서 있다.

문득 법정스님의 〈봄나물 장에서〉라는 글이 떠올랐다. "수행자는 물건을 흥정하거나 그 값을 깎지 말라는 규율이 있다. 벌써 30여 년이 지난 일인데도 부끄러운 자책으로 떠오른다." 고 했다. 아주머니는 집에 젖먹이를 맡겨두고 산나물 보퉁이를 이고 20리 산길을 걸어서 왔다. 해가 지기 전에 돌아가야 하는 사정을 알고 그 값을 흥정하여 깎은 걸 자책한 이야기다. 그리고 옛날 우리 어르신네도 장터에서 어려운 사람들이 자식들 공부시키려고 집에서 기른 콩나물이나 생산된 물건들을 가지고 나와 팔 때 그 값을 깎지 말라고 하시지 않았는가? 우리는 그 말을 새겨듣지 못한 것 같다. 수행자는 아니지만 꽃집 종업원의 걱정스러워하는 그 얼룩진 표정이 마음에 걸린다. 그게 많은 돈도 아닌데……. 역지사지로 그 사정을 헤아려 따지지 말고 사줄 걸 그랬다. 아가씨는 한참을 있다가 검은 봉지에 난석을 담더니 가져가라고 내민다. 난석을 받아들고 먼저 한 말 때문에 500원을 더 줄 수도 없는 처지다. 그 대신 화원 입구에 내놓은 풍란 한 포기를 정가대로 2,500원에 샀다. 아가씨의 난처한 입장이 이 풍란으로 상쇄되길 바라며 집으로 왔다. 맏손녀가 기르는 풍란의 분갈이를 끝냈다.

욕심일 테지만 내년에는 꽃대가 올라와 짙은 향을 풍기는 화사한 꽃을 볼 수 있을까?

포근한 마음자리를 그리며

가끔 친구들을 만나거나 모임에서 얘기를 나눠보면 너, 나 할 것 없이 '사람들의 마음자리'가 사막이나 광야처럼 메마르고 삭막하다고 느껴질 때가 많다. 어떤 일에 대해서 시시비비는 분명히 가려지고 주저함이 없이 판결을 내려준다. '돌아온 탕자'의 이야기처럼 '아버지의 마음'은 어느 곳에서도 찾아보기가 힘들다. 세상은 하루가 다르게 발전하여 가고 있는데 '더불어 살아가기'가 이리도 힘이 드는 것일까.

요즈음 대부분의 가정에서는 차를 소유하고 생활의 필수품으로 자리가 잡혀 간다. 그로 인해 일어나는 사고도 적지 않다. 그리고 여러 층의 주차장을 가진 대형 아파트 단지를 제외하고는 어디를 가나 주차난이 심각한 것도 거의 공통적인 과제가 아닌가 한다. 더구나 단독주택일 경우 퇴근 후 주차할 곳을 찾아 헤매는 일도 적지 않다.

좀 오래된 이야기다. 새 차를 골목에 주차해 두었다. 아침에 나가보니 예리한 못 같은 것으로 차의 앞, 뒤 그리고 옆을 가리지 않고 심하게 긁어 놓았다. 주차할 수 있고 통행에 불편을 주는 곳이 아닌데도 말이다. 수리비가 제법 들었지만 장난기가 발동한 아이들의 짓이거니 하고 웃어넘긴 적이 있었다.

바닷가 도시에서 근무할 때다. 근무처가 사택과 가까워서 3년여 동안 대구로 오갈 때만 차를 이용하고 평일에는 아파트의 주차장에 세워두었다. 어느 날, 퇴근하는데 "왜, 타 지역의 번호판을 단 차가 항시 이 자리에 있느냐."고 투덜거리는 소리를 들었다. 그리고 주차에 대한 불평이 있다는 얘기도 누군가가 해주었는데 관사가 이 아파트에 있고 주민의 자격도 있어서 별로 개의치 않았다.

어느 토요일 오후, 고속도로에 올라 한 시간여 달려서 동대구 IC로 진입하고 있었다. 갑자기 차가 앞으로 쏠리더니 핸들이 왼쪽으로 꺾이고 가드레일과 부딪치면서 수로에 처박혔다. 너무나 순간적인 일이었다. 차는 운전석 앞, 뒤 타이어의 비슷한 위치에 펑크가 났고, 차체 앞과 옆 부분이 형편없이 찌그러졌으나 다행히 운전자인 나는 다친 데가 없었다. 정비공장에서는 일부러 낸 펑크라고 했지만 잊어버리기로 했다. 만일 고속도로 주행 중에 이런 사고가 났다면 어떻게 되었을까? 아마 모르긴 해도 목숨까지 위태로운 지경이 되었을 게다. 만일 오르내리다가 괘씸한 생각이 들었다면 항의를 하든가, 아니면 차라리 펑크를 내주었다면 위험부담도 줄고 수리비도 적게 들었으리라.

특별한 경우를 제외하고는 밤 운전을 삼가고 있다. 며칠 전 어둠이 내릴 무렵 급한 일로 차를 끌고 잠시 외출을 했다. 네거리에서 빨간 신호를 보고 급브레이크를 밟았는데 갑자기 끼어든 차와 가벼운 추돌이 있었다. 차는 피해가 없는 것 같았고, 운전한 50대 중반의 여자 분이 오른팔로 목을 감싸고 내렸다. 경위야 어찌되었든 가해차량이니 우선 사과를 하고 피해차량을 따라 가자는 대로 가까운 정형외과에 갔다. 간호사에게 추돌상황을 이야기하고 진료를 요청하였더니 "내일이면 통증이 더 심할 테니 접수를 해놓고 내일 오시오." 한다. 지금 진료 결과에 따라 입원을 시키든지, 치료를 해야 한다고 생각하는데 이해가 되지 않았다. 그래서 가까운 대학병원 응급실로 모시고 갔다. 접수를 하고 몇 가지 검사를 받았다. 당황하고 또 경미한 것 같아 신고조차 잊고 있었다. 두어 시간 후 검사결과는 별 이상이 없다는 진단이 나왔다. 보험사에 사고처리를 의뢰하고 피해자의 가족에게 연락을 하였더니 "운전하는 사람은 흔히 있는 일이고, 검사결과가 이상이 없으니 다행스럽다."며 오히려 위로의 말에 안도의 한숨이 나왔다.

피해자와 여러 가지 이야기를 나누었다. 환자의 입장에서 보면 치료비 문제라면 몰라도 종합병원이 여러 모로 치료의 조건이 좋을 텐데도 개인병원으로 가겠다고 한다. '이상이 없다.'는 결과 때문일까? 그 뒤 후유증도 알아보고 위로의 말을 전하고 싶어도 일체 적어 준 번호로는 연락이 닿지 않았다. 이유는 알 수 없었고 마음 졸인 긴 나날이 흘러갔다. 보험사의 보상처리 결과는 의외였다. 대학병원에서 치료를 받은 것 이외에도 장기간 개인병원을 두 곳이나 거쳤고, 멀쩡하던 범퍼도 교환한 걸로 통보가 왔다. 검사결과나 할증료의 문제가 아니다. 배신감이 들고 마음자리가 편하지 않은 것은 무엇 때문일까? 대학병원이 개인병의원보다 치료에 신뢰가 가지 않았을까? 검사결과를 믿기 어려워서였을까?

문명이 발달하고 인간들이 기계를 닮아가고 있어서 걱정스럽다. 기계는 웃음이 없다. 어떤 사고도 보험사에 맡겨버리고 따뜻하거나 차갑더라도 그 감정을 던져버린 지도 오래인 듯하다. 가해자나 피해자가 관여하지 않아도 처리를 해주니 고맙기는 하지만 어쩐지 개운치가 않다. 가해자는 피해자가 말없이 있어주길 은근히 바라고 있는지도 모른다. 사고가 크고 작음을 떠나서 서로를 걱정하며 감사하는 윈윈(win win)전략은 없는 것일까?

이 살벌한 세상에도 빛이 없는 게 아니었다. 임신한 새색시가 운전이 서툴러 비키면서 지나가는 고급차를 심하게 긁어놓았는데…… 건장한 어깨의 남자가 차에서 내려(가해자는 겁을 먹고 벌벌 떨고 있는데) 웃으며 곁에 오더니 "새색시 조심해요. 애기가 놀랐겠는데 …….”라는 이야기를 듣고 웃음짓던 일이 생각난다.

누구나 운전을 하면 자의이거나 타의이거나 가해자나 피해자가 될 수 있다. 어떤 경우에도 합리적인 처리를 하면서도 서로를 배려하는 포근한 마음자리가 아쉽다. 그로 인해서 하나의 인연이 새로이 맺어지면 얼마나 좋을까.

"마음이 가난하고 깨끗한 사람은 행복하다."고 한다. 이제부터라도 우리 모두가 행복해지기로 작정을 하고 포근한 마음자리를 가꾸어가는 연습을 하면 살맛나는 세상으로 자리잡아 가리라.

그렇지 늦었지만

정년퇴임 후 난생처음 아파트 생활을 시작하였다. 어느 한곳에 자리를 잡으면 눌러앉는 버릇이 있어서 여기 단독주택에서도 20여 년을 살았다. 이웃이 한집 같아서 멀리 출타할 때 한 달을 비워도 안심이 되는 동네여서 아쉬움이 남는다. 이사를 하려니 살림살이가 너저분해서 정리해야 할 것이 적지 않다. 그 중에서도 먼저 책들이 꼽힌다. 주로 교육, 문학, 종교서적으로 50여 년을 모은 것이니 그 양이 적지 않다. 값 나가는 가구는 하나도 없고 온통 헌 책뿐이니 핀잔을 맞아도 도리가 없다.

오래전, 존경하는 교장선생님께서 교직을 떠나시면서 책을 세 박스나 물려주셨다.

“일어로 된 전문서적인데 전공한 자식들이 없고, 교직에 있으려면 필요할 텐데……”라는 말씀이셨다. 책을 정리하면서 구하기 힘든 것이거나, 최근에 간행된 교육총서는 챙겨서 아끼는 후배에게 넘겨주었다. 문학과 종교에 관한 것도 대충 정리를 하고 나니 앨범이 고민거리로 남았다.

자식들이 어떻게 생각할지는 모르지만 이 수십 권의 앨범은 나에게는 삶의 역사다. 어린 시절부터 이 나이가 들도록 추억이 담긴 이야기가 고스란히 묻혀 있지만 다른 사람에게는 별 의미가 없다. 언젠가 이 세상을 하직하고 나면 이 앨범은 아무 소용이 없을 뿐만 아니라 오히려 그걸 처리하는 데 짐이 되리라. 그 후 해외여행을 가서도 카메라와 필름은 준비해 갔지만 오래 남길 만한 예술작품이 못 된다는 생각이 들어 한 장도 찍지 않았다. 그때 주변적인 것에 신경을 쓰지 않으니 너무나 여유롭고 자유로운 여행이 되었다. 수도승의 무소유의 삶이 어떤 것인가를 넘겨볼 수 있어서 참 좋았다.

어떻게 보면 돈이나 명예라는 것도 그렇지 않을까 싶다.

지금까지 돈과는 인연이 멀었으니 부자가 될 걱정은 아예 없다. 그러니 돈에 관한 유혹에 빠지거나 올가미에 걸리는 어리석은 욕심에서 조금은 멀어질 수 있었다. 그렇다고 하여 의식주의 해결이 어려울 만큼 가난살이를 칭송하고 권장하는 뜻은 아니다.

얼마 전만하여도 세상을 버린 분들의 시신을 염습할 때 ‘노자’로 쌀 몇 톨과 동전 몇 닢을 넣어 드렸는데 요즘 입관예절에서는 그것마저 생략되는 걸 보니 하늘나라로 가는 데 돈은 필요하지 않은 것 같다. 아무리 큰 부자라도 수의나 관은 값의 고하高下는 있겠지만 돈은 한 푼도 가져가지 못하지 않던가. 아무것도 세상에 가지고 온 것이 없으니 가지고 가지 못함도 당연한 일이기는 하지만…….

명예나 지위라는 것도 모든 사람이 쳐다보며 사투를 거듭하며 살아가지만 그렇게 목숨을 걸 만큼 가치 있는 일은 아닌 듯하다. 지금은 몸담았던 사회를 벗어나고, 선망하는 자리 같은 게 필요치 않아서 쉽게 나오는 말은 아니다. 사람들은 화려하고 높은 자리에 오를수록 낮아질까 봐, 초라해질까 봐 늘 전전긍긍하는 모습을 보게 된다. 주변을 살피면 분수를 넘어서 명예나 지위를 탐하다가 나락에 떨어지고 망신을 당하는 경우가 적지 않다.

어디 그뿐이랴. 유별나게 건강이나 모양을 가꾸던 사람도 나이에는 당할 장사가 없고, 언젠가는 늘 함께하던 가족도 멀리하고 홀로 떠나야 한다. 우리는 정말 살찌워야 할 곳은 버려두고 엉뚱한 곳에 정신을 빼앗겨 시간과 노력을 쏟아 붓고 살아오지 않았을까?

어느 책에서 김밥에 대한 글을 읽은 일이 있다. 김밥 속이 화려하면 화려할수록 김밥은 빨리 상하고, 삶이 화려해질수록 그 사람의 영혼도 빨리 상한다고 한다. 다른 건 몰라도 썩어 없어지지 않는 영혼을 상하게 하는 일만은 경계해야 하지 않을까?

지금 늘그막에 지나온 삶을 한 걸음 물러서서 되돌아보면 자기 이익을 탐하여 얻지 못할 것을 얻으려 하고 이미 얻은 것을 잃지 않으려는 버둥거림에서 벗어나 작더라도 이웃을 위한 일들과 버릴 것들을 챙겨보자. 잘못되고 어질러진 것들을 모두 제자리에 놓아두자. 그리고 먹을 것과 입을 것이 있으면 그것으로 만족하고 남은 시간만이라도 버릴 것은 버리고 해야 할 일들은 가슴에 심어 잘 살아보려는 희망을 가지는 것도 지나친 욕심일까?

사람의 목숨이 길다한들 몇 사람이나 100년을 넘길 수 있을까?

부귀공명의 꿈은 다 얻을 수도 없겠지만 설사 그것을 다 얻었다고 하더라도 바르게 얻은 것이 아니면 오히려 그 이름에 누를 끼칠 수도 있음이다.

지금까지 우리에게 감동을 주고 오래 기억하게 하는 사람들은 이웃을 위해 자기를 버린 사람들의 삶이 아니었던가. 늦기는 하였지만 "지금 가진 것으로 만족하고, 첫째가 되려면 모든 이의 꼴찌가 되고 모든 이의 종이 되라."는 말씀이 새롭게 자리한다.

제 Ⅲ 부

사랑하는 사람들

폐지를 줍는, 어린 손자와 같이 사는 할머니! 밥을 드시고 나서 오늘 번 돈이라며 1,500원을 내놓는다. 수사님은 다시 돌려드리면서 쌀 한 포대와 계란 2판을 주운 폐지 위에 얹어 보낸다.

-〈사랑하는 사람들〉 중에서

빈자리

고향에 다녀오려고 열차 왕복 승차권을 예매하였다. 고속열차가 아니더라도 기차여행은 공간이 넓고 자유로워서 그런대로 매력이 있다. 고향을 찾은 게 퍽 오랜만이다. 차창으로 가을걷이가 끝난 황량한 들판과 낯익은 풍경들에 눈길이 머문다. 근년에 발전이 되었다지만 농촌은 아직도 옛날 그대로가 더 많아 낯설지 않다.

'국수와 메밀묵을 해놓고 아들을 기다리던 머리가 허옇던 어머니! 이때쯤 골목에서 서성거리실 텐데……' 오늘따라 그 환영이 눈에 선하다. 모처럼 고향을 찾아도 어머니도 안 계시고 고향을 지키는 친구 한 사람도 없으니 시간이 나도 낯선 곳처럼 갈 곳도 마땅치 않다.

이것저것 고향내만 묻히고 아침에 내려오는 기차를 탔다. 무궁화 2호차 32호석, 지정좌석이다. 자리에 갔더니 어디서 타고 왔는지는 알 수 없어도 한 아주머니가 두 자리를 차지하고 길게 누워서 자고 있지 아니한가. 어찌할까?

잠든 사람을 깨워서 '이 자리는 내 자리요.'하고 말할 용기가 나지 않는다. 마침 입구에 빈자리가 있어서 거기에 앉았다. 얼마 지나지 않아 다음 정거장 안내를 한다. 여기는 시 지역이어서 많은 사람이 탈 텐데……. 한 분이 올라와 '내 자리요.'한다. 일어나 지정좌석으로 눈길을 돌리니 역시 자고 있다. 또 빈자리를 찾았다. 다음 역에서도 또 주인에게 내주어야 했다. 사람들의 눈길이 쏠리며 뒤통수가 화끈거린다. '저 사람은 승차권도 안 샀나?'하고 핀잔을 주는 것만 같아 참으로 혼란스럽다. 다음에 또 비켜주더라도 빈자리를 찾아 무료함을 달래려고 포켓북을 펼쳤다. 김상용의 ≪외로움의 지류를 건너다≫라는 편지글을 모은 책이다. 〈잉카의 악사들〉에 눈이 멎었다.

'지하철 환승역인 합정역에서 남미 망토를 걸친 볼리비아에서 온 6인조 메스티조 악사들이 민속음악을 연주하면서 CD를 판매하고 있었다. 그들은 매일 아침 9시에 연주를 시작하고 12시에 멈추고 한 20여 분 뒤에 다시 연주를 시작한다. 며칠 동안 그 모습을 지켜보던 한 다큐멘터리 작가가 리더에게 12시에 휴식시간을 갖지 말고 관객이 많은 그 시간에 연주를 계속하면 더 많은 수입을 올릴 수 있을 거라고 조언하였다. 며칠을 지켜보아도 그대로다.

그날도 12시에 연주가 멈춰졌다.

그때 머리를 예쁘게 땋은 20대 초반의 한 아가씨가 시각장애인용 지팡이로 연방 바닥을 두드리며 천천히 걸어오고 있었다.

어느 날, 그 여학생이 리더를 찾았다. 사회학을 전공하는 학생이며, 늘 12시에 합정역에서 2호선으로 갈아탄단다. 이 연주가 시작되고부터 사람들이 많이 모여 돌아가다가 여러 번 낭패를 당했다고 했다. 리더는 그 여학생이 지하철 연계구역으로 들어서면 연주를 멈추기로 결정하였고 다른 악사들도 당연히 받아들였다.'

참 따뜻하다.

한 시간쯤 지났나 보다. 벌써 열차는 종착역을 알린다. 지정좌석에서 누워 자던 아주머니도 자리에서 일어나 아무 일이 없었던 것처럼 머리를 매만지며 내릴 채비를 하고 있다. 그리 긴 시간은 아니었지만 "여기가 내 자리요."하고 한 마디의 말도 못하고 바보처럼 빈자리만 찾아서 헤매다가 벌써 목적지에 온 것이다. 그래도 빈자리가 있어서 다행이었고, 따스한 이야기를 담을 수 있었으니 감사한 일이다.

긴 여정을 돌아다본다. 나로 인하여 빈자리를 찾아 서성거렸던 사람은 없었을까? 자신도 모르는 사이에 남의 자리를 차지하고는 거들먹거리지는 아니했을까? 칼릴 지브란의 시구가 떠오른다.

"그대들은 누구에게나 잘못을 저지른다. 또한 그대 자신에게도……"

오늘은 '행동으로 사랑하라.'는 말이 크게 들리는 날이었다.

세상사는 이야기

밤이 깊어 가고 있다. 아파트 창문에서 새어나오던 불빛이 하나, 둘 스러진다. 며칠 전 '평화계곡'에서 '침묵의 피정'을 하면서 인생의 처음과 끝은 역시 '혼자'라는 생각이 더 절실하게 다가왔다. '세월'의 기억을 더듬고 '내일'을 그리면서 묘비명을 다듬고 유언장을 남기며 '이제 이건 장난이 아니구나.' 라는 생각을 떠올린다. 그리고는 잠을 청하러 포도주 한 잔을 따른다. 붉은 색깔에 진한 향이 묻어 나온다.

열쇠 꾸러미를 매달고.

버스 차창 너머 스쳐 지나가는 사람들을 본다. 여기는 널리 알려진 큰 재래시장이어서 지나다니는 사람들이 줄을 잇고 있다. 그 중에 한 사람이 눈에 띈다. 뒷주머니에 열쇠 꾸러미가 꽂혀 있다. 그뿐인가 했더니 앞 허리춤 양쪽에도 두 개의 열쇠 꾸러미가 매달려 있다. 누구나 한두 개의 열쇠는 가지고 다니지만 저렇게 많은 열쇠는 다 어디에 쓰이는 걸까. 아파트, 자동차, 일터의 것, 그리고는…… 감이 잡히지 않는다. 도대체 잘 사는 사람들은 몇 개의 열쇠를 가지고 다닐까? 지금, 세상과 사람들은 자물통으로 꽉꽉 잠겨 있다. 닫힌 사람, 닫힌 세상을 환히 열어주는 열쇠 꾸러미였으면 좋겠다는 바람이다.

차내 방송의 메아리.

욱수골로 산행을 하려고 버스를 탔다. 죽전 네거리에서 종점까지 가야 하니 한 시간은 족히 걸린다. 출근시간이 조금 지났는데도 만원이다. 10여 분 지났을까 차내 방송이 흘러나온다. "시민 여러분, 노약자에게 자리를 양보하는 예의바른 시민이 됩시다." 이 방송은 노약자에게만 들리는 방송일 거라고 생각이 드는 건 왜일까. 손잡이를 잡고도 서서 가기가 힘들어하는 어르신네가 눈에 띄는데도 젊은 사람들이 아무도 일어설 기미가 보이지 않는다. 20여 분쯤 시간이 흘러 백화점과 학교 앞을 지나니 자리가 하나, 둘 생기기 시작하고 남부정류장을 지나면서부터는 노약자거나 젊은이거나 서 있는 사람들이 없다. 느닷없이 또 방송이 흘러나온다. "시민 여러분, 노약자에게…… 시민이 됩시다." 한 승객이 중얼거린다. "예의바른 시민은 하차해 버리고 아무도 없습니다."

휴대폰, 그게 뭐꼬.

세상 참 좋아졌다. 들고 댕기는 게 뭐꼬. 어느 선원의 화두 같다. 요즈음 젊은이들에겐 휴대폰이 생활필수품이 된 지 오래다. 그들이 책은 들고 다니지 않아도 휴대폰은 잊지 않고 가지고 다닌다. 벨소리 또한 새소리로, 노래로, 말로, 다양하고 언제, 어디서든지 가리지 않고 짖어댄다. 강의시간이나 회의 중에도 갑자기 화난 듯이 "전화 받으세요, 전화 받으세요."하고 소리를 지른다. 뭇사람들의 시선이 쏠리는데도 아랑곳하지 않고 속삭이는가 하면, 유유히 들고 나가서 통화를 한다. 무슨 큰일이라도 생긴 것일까. 그 시간에 받아야 할 만큼 중요한 일인가 보다. 10초도 긴 시간인데 10분, 20분은 보통이다. 모든 생활이 소리통에 매어 있는 듯하다. 하루만이라도 전화도, 텔레비전도, 시계의 속박에서 자유로울 수 없을까. 깊지 않은 계곡이라도 혼자 거닐어 보고 침묵의 시간도 가져 보라. 물소리, 새소리, 바람 소리 그뿐만 아니다. 하늘의 소리도 들을 수 있다. 인생의 목적을 위해 단 한 가지라도 버릴 줄 아는 용기도 필요하리라.

그래도 아름다움이.

이런 일들은 흔히 눈에 뜨이는 풍경일 뿐이다. 사람이 사는 동네가 그렇게 메마른 것만도 아니다. 며칠 전, 예순을 넘나드는 늙은이 여럿이 일손을 보태려고 도시락을 싸들고 분도 노인마을을 찾았다. 원장 신부님이 반갑게 맞아주신다. 배당된 일거리는 겨울 김장거리인 배추포기 묶기다. 난생처음 해보는 일이기에 모두가 서툴지만 쏟아놓는 농담으로 즐겁게 일을 끝낼 수 있었다.

농장을 관리하는 수사님의 이야기가 맴돈다.

"여러 시설에 있는 노인 분들의 김장거리라서 아주 여린 싹일 때 농약을 단 한 번 쳤어요"라고 한다. 그래서인지 포기마다 숭숭 구멍이 뚫린 게 적지 않다. 그래도 시간이 지나면 배추 속대는 노랗게 익어가리라.

이런 애절한 소리를 듣기도 한다.

"오늘 저에게 주어진 일과 고통받는 형제들의 아픔 속에서 주님께 향한 믿음을 갖고 그들을 한 형제로 사랑하며 함께 영원한 생명을 희망하는 마음으로 기도하게 하소서……"

임종을 돕는 호스피스 봉사자들의 염경기도이다. 말기 암의 고통으로 때로는 봉사자가 병실에서 쫓김을 당하기도 하고, 긴 시간 곁에서 말없이 그 고통을 지켜보기도 하고, 검사나 치료를 위하여 동행하기도 한다. 그 분야에 전문가가 아니어서 서툰 조언도 할 수 없지만 그저 도구로 쓰도록 함께할 뿐이다.

"일찍이 부모님께 그런 정성을 쏟았으면 마을에 효자 났다고 떠들썩했을 텐데……."

세월은 벌써 아쉬움을 남기고 저만치 흘러가 버렸다.

그래도 세상은

그래도 세상은 아름다운 곳이다. 가끔 혼자서 산을 오를 때가 있다. 오르다 보면 산 중턱이나 정상에서 신문을 보거나 꽃 맞추기를 하는 사람들을 만날 때가 있다. 이 맑은 곳에 와서 펼쳐진 경치에 취할 법도 한데 좀 별난 취미를 가졌다는 생각도 하지만 그 신문에 실린 것 중에 지저분한 글은 땅에 떨어지지 않았으면 하고, 또 부끄러움을 모르거나 악취가 나는 기사들은 날아가 다른 사람에게 보이지 않았으면 좋겠다는 엉뚱한 생각을 하기도 한다. 그건 산의 깨끗한 공기나 푸른 하늘을 오염시키지 않았으면 하는 바람에서다. 그래서 하산을 하다가 오르는 사람을 만나면 "제가 정상에서 아름다운 경치를 하나도 빼놓지 않고 다 봐 버렸거든요, 이제는 올라가도 볼 것이 없는데…….”라고 말하면 씩 웃고는 가던 길을 재촉한다.

신문을 보거나 뉴스를 들으면 가슴이 답답해질 때가 있다. 어쩌다가 이 사회가 이 지경이 되었는지 걱정스럽기까지 하다. ‘소돔과 고모라’의 이야기를 떠올리게 된다.

분별없는 한 여자의 학력위조사건에 연루된 고위 공직자의 비리 행태, 도덕성을 상실한 정치인들의 작태, 편입학 청탁 대가로 거액을 받아 집안을 먹칠한 사람, 정기적인 상납을 챙긴 공무원, 이것뿐이면 그래도 웃어넘길 수 있는데…… 몰래 보험을 들고 그 돈이 탐나 부모를 죽인 패륜아, 남편을 청부살해한 비정한 아내, 할 말을 잃는다.

길을 가다가 한두 사람 2, 30대의 청년이 담배를 피면서 나이 많은 사람을 보고도 거침없이 지나간다. 잠시 감추는 모습이라도 보여주길 희망하지만 허탈감만 더할 뿐이다. 아직 우리의 예의범절은 애비와 자식이 마주앉아 담배를 피우는 풍토가 아니지 않은가.

그것뿐인가. 돈이면 다 된다는 생각, 노부모에 대한 무관심과 학대, 가족의 해체, 인간 경시, 사회의 규범과 질서의 문란은 어떻게 설명해야 할 것인가. 그러나 이런 문제를 일으키는 사람은 아주 소수에 불과하다는 생각이니 희망은 상존하는 셈이다.

창세기(18,23-32. 아브라함이 소돔을 위하여 빌다.)의 이야기다. 소돔과 고모라에 대한 원성이 너무나 크고, 그들의

> 죄악이 너무나 무거운 것을 보신 주님께 아브라함이 말씀드린다. "진정 의인을 죄인과 함께 쓸어버리시렵니까? 혹시 그 성읍 안에 의인이 쉰 명 있다면 그래도 쓸어버리시렵니까?" 그러자 주님께서 "내가 의인 쉰 명을 찾을 수만 있다면 그들을 보아서 그곳 전체를 용서해 주겠다." 그리고는 의인의 수가 마흔다섯 명, 마흔 명, 서른 명, 스무 명, 열 명으로까지 줄어든다. "주님께서는 노여워하지 마십시오, 혹시 그곳에서 열 명을 찾을 수 있다면……?" 그분께서는 "그 열 명을 보아서라도 내가 파멸시키지 않겠다."

몇 사람의 의인만 있어도 그 도시를 파멸시키지 않으시겠다니 참 희망적이지 않은가. 우리 사회에는 그래도 바르게 살고, 나누며 기쁘게 살아가는 사람들이 적지 않다.

며칠 전 가전제품이 고장이 나서 AS를 맡기려고 전화를 했더니 우체국 택배로 보내고, 송료가 1,900원이 든다고 한다. 갑자기 외출할 일이 생겨서 아파트경비실에 2,000원과 전자제품을 맡기고 나갔다. 오후 5시쯤 전화가 왔다. 남은 돈 100원과 영수증을 맡겼으니 늦게라도 찾아가라고 한다. 언제인가 무슨 떡이 그렇게 비싼지는 몰라도 몇천만 원도 떡값으로 준다는 세상에…… 돈 100원도 두려운 사람들이 살고 있다.

지난가을에 고향에서 힘들여 가꾼 김장거리를 얻어서 오는 길이었다. 승용차의 트렁크에는 배추와 무를 가득 실었다. 값으로 따질 물건이 아님을 안다. 동명휴게소 가까운 다부터널을 들어서는데 앞선 차들이 '꽝 꽝'하고 부딪치는 소리에 놀라 급브레이크를 밟아 나는 추돌은 면했으나 뒤를 따르던 차가 내차를 추돌한 것이다. 다행히 다친 사람은 없었으나 갑작스레 당한 일이라 정신이 없어 멍하니 서 있었다. 그때 레커차의 기사가 보험사에 연락하고 도움을 준 고마움은 지금도 잊지 않고 있다. 봉사는 돈이 있어야만 하는 것이 아닌 것이 분명하다.

신문의 한귀퉁이에 실린 이런 이야기도 기억하고 있다. 이름은 밝히지 않은 팔순이 넘은 할머니가 독거노인의 치료를 위해 써달라며 평생 날품으로 모은 재산 4천만 원을 놓고 갔다. 그리고 한 대학생은 총장비서실에 봉투 하나를 맡기면서 "저도 어려운 형편이지만 장학금을 받는 것만으로 만족합니다. 조금 보태어 100만 원을 동봉합니다. 더 어려운 학우를 위해 써주시면 고맙겠습니다." 그리고 한 환경 미화원은 5년간 청소를 하면서 모은 동전 7만 9,101원을 태풍 매미 이재민에게 쥐어주었고 또 머리카락이 희끗한 초로의 여성이 자기의 병을 치료해 준 대학의 의료원을 찾아가 시가 400억 원 상당의 땅을 기부하였다.

사실 어려움 속에서도 나눔을 실천한 선한 사람들로 인하여 세상은 용서를 받고 다시 힘을 얻어 일어서는지도 모른다. 앞산이 열려 있다. 버스에 오른다. 양손에 짐을 든 아가씨가 자리에서 일어나더니 앉기를 권한다. 몇 정류소만 지나면 내린다고 사양을 해도…….

전화벨이 울린다. "선생님, 토요일 오후 7시에 반회를 합니다.

모시러 갈게요." 벌써 졸업한 지 40년이 넘었고 50대인 중견의 제자들이다. "……참 고맙다."

그래도 세상은 살맛이 나고 아름답지 아니한가.

사랑하는 사람들

어떤 이는 30년 넘게 헤어진, 꿈에 그리던 가족을 만나 얼싸안았다. 그리고 초등학교에 다니는 외아들을 불의의 교통사고로 잃은 어머니의 피맺힌 절규가 참으로 안타깝다. 긴 세월을 살아오는 동안에 '희로애락'을 무수히 겪어온 터라, 감정을 잘 조절할 수 있을 거라고 생각했는데…… 자기도 모르게 눈물을 뚝 떨어뜨리고 만다. 그러고는 '참 주책이야!' 하고는 주변을 살피기도 한다. 기쁨이나 슬픔을 가져오게 한 그 이유는 다 다르겠지만 자기와 가족에 얽힌 일이야 당연하지만 이웃의 고통을 보고서 흘리는 눈물은 아주 작고 사소한 것일지라도 그게 사람들의 마음을 붙잡아 둔다.

며칠 전에 〈민들레 국수집에 핀 사랑〉이 TV에서 방영되었다.

이곳에서는 거리의 부랑자와 노숙자에게 무료급식을 하고 있다. 여기서 끼니를 잇는 그들은 정말 어렵게 살아가는 사람들이지만 보통 사람들에게 느끼지 못하는 진솔한 사랑이 엿보인다. 어려운 사람들과 함께 살면서 '사람다운 대접'이 그리운 노숙자를 위한 전직 수사님이 연 국수집이다. 어렵게 찾아온 노숙자에게 "며칠을 굶었느냐?"라고 묻기도 하고, "우선 조금 드시고 더 드세요."라고 하는 말이 고마운 사람들이다.

우리는 기다릴 때에 줄서기를 권장한다. 그리고 그걸 보고 문화민족의 척도로 삼기도 한다. 이 국수집에서는 줄을 서지 않고 배고픈 사람부터 먼저 먹게 한단다. 어쩌면 목적이 분명한 질서가 아닌가. 여기에 온 손님들은 하나같이 잠을 편하게 이룬 사람들도 아니고, 먹는 것도 한두 끼를 거른 사람들이 아니던가? 그런데도 배고픔을 견디며 몇십 리를 걸어와서도 그런 규칙이 잘 지켜진다니 신기할 뿐이다. 50여 명이 먹을 수 있는 밥솥의 밥이 10분 안에 동이 나도 먹을 수 있다는 희망이 있는 집이다.

허기를 면한 사람에게 수사님은 주머니에 무엇인가 넣어준다. 무엇인가 했더니 담배다. 해害가 되고 아니고를 따질 처지가 아니다. 꽁초를 주우려고 쓰레기통을 뒤지는 일을 없게 하기 위함이다. 그런데 피울 게 있다고 다른 사람에게 주라고 사양을 한다. 노숙자는 주머니에서 가진 걸 꺼내 보여준다. 피우던 조그만 꽁초다. 보통 사람이라도 공짜니까 욕심이 나서 넙죽 받아 넣었을 텐데 말이다. 그렇게 착한 양심으로 사는데 왜 노숙자로 사는 어려움을 겪게 하는 것일까? 언젠가는 이들의 눈물을 닦아주고 제자리로 돌려놓으시리라.

"걸어 다닐 수만 있어도 행복하다."는 폐지를 줍는, 어린 손자와 같이 사는 할머니! 밥을 드시고 나서 오늘 번 돈이라며 1,500원을 내놓는다. 수사님은 다시 돌려드리면서 쌀 한 포대와 계란 2판을 주운 폐지 위에 얹어 보낸다. 한 끼를 해결하고 수입 전부를 내놓는 할머니나 보지 않고도 손자의 끼니 걱정을 하는 수사님의 모습은 이 세상의 거래가 아니다.

문 앞에서 열심히 칼을 갈아주는 사람이 있다. 얼마 전 어려울 때 이 국수집의 도움을 받았는데 이제는 자립을 하여 칼 가는 일을 하고 있단다. 국수집에서 봉사하는 사람들이 보고 싶을 때 칼을 갈아준다는 구실로 찾아온다고 한다. 국수집에 신세를 진 사람들이 다시 찾아와 봉사를 하면서 국수집 가족으로 살아가는 모습이 정겹다. 기초생활 수급자인 할머니가 반값으로 쌀을 사고 나머지 돈으로 쌀을 사서 국수집으로 보내는 나눔! 이른 새벽 쌀이나 배추, 육류나 생선을 싣고 와서 소리 없이 문 앞에 내려놓고 가는 이름 없는 착한 사람들! 오른손이 한 일을 왼손이 모르게 하고 있음이다.

어려운 사람들을 생각하고 나누는 그 모습이 훈훈하다. 헐벗고 굶주리고 있는데 필요한 것은 주지 않으면서 '평안히 가서 몸을 따뜻이 하고 배불리 먹으세요.'라고 말한다면 무슨 소용이 있으랴. 어느 기관이나 이름 있는 단체에서 쌀이나 생필품을 쌓아놓고 그 앞에서 근사하게 사진을 찍어 신문에 내고 거들먹거리는 자선들과는 그 빛이 너무나 다르다.

'사랑은 참고 기다리고 친절하며, 시기하지 않고 뽐내지 않고 교만하지 않으며, 사랑은 모든 것을 덮어주고 믿으며 바라고 견디어낸다.'고 하였다. 사랑은 그 깊이와 넓이를 가늠할 수 없음이다. 이 가난하고 착한 이들에게 희망의 삶과 축복이 풍성히 내리길 소망한다.

나이

서산에 오색 노을이 걸렸다. 노을은 어제도, 오늘도 그 자리에 피어 있었고, 아마 내일도 그러하리라. 해는 사라지는 아쉬움을 빛 고운 노을로 남기려 함일까.

요즈음 어떤 일에 정신을 쏟다가도 '이 일이 나에게 주는 의미'를 생각하면서 멈칫할 때가 있다. 나이만 먹고 지나온 긴 세월, 돈이나 벼슬 그리고 명예 등에는 하나도 그럴 듯하게 이루어 놓은 것 없이 그저 밋밋하게 살아온 날들의 회한이 고개를 쳐든 때문일까.

흔히 옛날 같으면 이 나이는 고려장 감일 텐데 사람들은 '인생은 60부터'라며 허풍쟁이처럼 떠들어댄다. 60년도 긴 삶인데 그 위에 20년을 더 얹어 산다면 천수를 다한 기적을 이룬 것이나 다름이 없을 것 같다. 아마도 평균수명이 늘어난 것은 삶의 질이 조금은 나아지고, 의술이 발달한 결과이리라. 그러나 몸과 마음이 쇠퇴해져 제 기능을 서서히 잃어가고 있음에도 애써 감추고 있는 건 아닌지 다시 돌아보게 된다.

어떤 때는 버스를 타고 내릴 곳을 지나쳐 버리기도 하고, 금방 생각한 것도 잊어버려 멍하게 앉아 있기도 하고, 메모한 것을 찾느라 부산을 떨기도 한다. 얼마 전에는 사진을 정리해야지 하면서도 사진을 꺼내놓고 마무리를 하지 못하고 또 밀쳐두고 말았다.

"이 사진을 정리해서 어디에 쓸까. 어느 시점에 이르면 연기로 사라질 것들인데……"하는 생각이 일순간 짙게 자리잡기 시작하였다. 허탈감이 밀려오면서 앞으로는 특별한 경우를 제외하고는 사진을 찍지 않아야겠다는 생각을 하였다. 산행에서 정상을 오르거나, 빼어난 경치를 보거나, 친구들과의 만남을 사진에 담아 왔었다. 이런 게 모두 탐욕의 결과로 인식되어지는 건 어인 일인가. 어느 날 갑자기 사라져버릴 것들이라면 중요한 일이 아닐 수도 있다. 그 뒤 여행을 하면서 카메라를 준비해 갔었어도 한 장의 사진도 남기지 않은 때도 있었다. 한편으로는 그것이 유용하건 아니건 간에 기록으로서의 가치를 두려함인데 내일이 두려워 오늘을 포기하는 어리석음을 저지르는 일일지도 모른다는 생각이 들기도 하였다. 하루살이나, 한 해를 사는 메뚜기를 보면서 인간에게 주어진 긴 시간, 오늘 그리고 내일에 대한 의미도 부여하여야 하리라.

직장인이건, 아니건 간에 하루의 일들을 지내고 보면 일상이라는 게 다람쥐 쳇바퀴 돌 듯한다. 가끔은 탈출을 시도하여 보기도 하지만 50보 100보가 아니던가. 그래도 우리는 내일에 희망을 걸고 오늘을 살고 있음에랴.

근년에 우리나라 3대 암산의 하나인 주왕산에 오른 일이 있었다. 운동화를 신은 젊은이 몇몇이 구슬땀을 흘리며 가뿐하게 산을 오르는 붉게 상기된 모습을 보면서 찢어진 청바지에, 쉴새 없이 걸고 받는 휴대폰, 극한상황에 치닿는 이기주의, 현재에만 집착하고 미래가 보이지 아니하는 인상은 지워지고 참으로 믿음직스럽고 산뜻하다는 느낌이 오래도록 지워지지 않았다.

주왕산 학소대와 제 1, 2, 3 폭포를 지나면 '전기 없는 마을'이라는 팻말이 나온다.

어릴 적 호롱불을 켜고 살았던 시절을 떠올리며 TV도, 전화도 없는, 어쩌면 문명의 뒤안길에 있지만 인간들의 참 삶의 모습을 그리며 오솔길을 따라 걸었다. 옛날의 흔적을 남겨둔 분교장이 있었다. 두어 칸 교실이 남아 있었고, 그 안에 아이들이 쓰던 책걸상, 칠판, 풍금 등이 무질서하게 널려 있었다. 풍금 앞에 서서 건반을 두드려 보지만 오히려 가슴 한구석에 황량함만이 더할 뿐이다. 영고성쇠를 보기 때문일까.

이곳은 '전기 없는 마을'의 생활모습을 보여 주는 것이기보다는 그 이름이 상품화가 되어 찾는 사람들에게 여러 가지 음식을 팔아 생계를 잇는 수단이 되어 있어 처음의 기대가 무너지고 말았다. 전기가 들어오지 않아도 오히려 삶이 풍성하였기에 그때를 동경하게 되는가 보다.

우리가 살아가는 데 기본적으로 의 · 식 · 주는 해결되어야 하겠지만 그것이 충족되면 그 위에 욕심이 겹쳐 더 좋은 것, 더 나은 것을 찾는다. 가만히 생각해 보면 그게 아무것도 아닌데도 인간은 집착에서 벗어나지 못한다. 얼마큼 가져야 '이제 그만'하고 밀어내고, 어디까지 쳐다보고 올라가야 '이젠 됐다.'하고 뒤를 돌아다볼까.

사람들은 사회생활을 하는 동안에 자격이나 자질을 갖추고 그리고 성실하다 하여 지위나 재물이 따라 붙지도 않는다는 사실을 알게 되기도 하고, 더구나 큰 부자거나 굵직한 명함을 가지고 뽐내던 사람일지라도 목숨을 연장시키는 것과는 무관하다는 사실도 깨치게 된다.

"사는 게 다 죄."라는 독백을 떠올린다. 우리는 살아가면서 작게라도 자기를 드러내려 하고, 재물을 모질게 아끼고, 또 어떤 때는 몹시 성을 내거나 지나치게 먹고 마시기도 하고 이웃을 미워한 일들도 헤아리지 못할 정도로 넘친다.

이제 무엇인가 다른 생각들을 하게 되는 나이인가 보다. 자주 산을 오르나 정상을 정복하는 데 집착하지 않고 신체적인 조건에 따르려 하고, 높은 산에서 흘러내리는 물소리나 나무들의 속삭임에 귀를 모으기도 한다. 공(테니스)을 치면서도 승부에 연연하지 않는다. 모든 걸 단순하게 그리고 쉽게 생각하고 한 발짝 물러서서 덤덤히 보는 여유도 가지려 한다.

세상이 어떻게 변해도 해는 역시 뜨고 또 진다.

이제 서산에 걸터앉아 선 자리에서 최선의 노력을 다한 삶의 조각들을 엮어 한 폭의 그림으로 남겨야 하지 않을까.

고향 역에서

고향에 다녀오려고 북부정류장에 가서 안동까지 가는 무정차 버스표를 샀다. 마침 이 버스는 봉화 직행이라 안동에서도 정차하고 고향마을에도 세워준단다. 출발시간이 남아 있어 고향마을까지 연장하여 승차권을 바꾸었다. 고향마을은 안동에서 16km 떨어진 안동과 영주의 중간 지점이다. 출발 시간까지는 30여 분이 남았다. 차에 올랐더니 승객이 달랑 혼자뿐이다. 10여 분 있다가 남자 승객 한 분이 타고 또 10여 분 후에 여자 승객 한 분이 올라왔다. 승객은 단 세 사람이다. 정해진 시간에 출발하는 건 좋은데 이 고유가 시대에 버스 안은 텅텅 비었고 이래서는 수지타산이 맞지 않을 것 같다.

한 시간 넘게 달려 안동에 도착하였는데 차에 남은 승객은 혼자다. 기사님이 15분쯤 정차했다가 승객을 받아서 출발한다고 귀띔을 해준다. 옛날 같으면 손님이 눈치껏 해야 할 일인데 참 좋은 세상이다. 기사분도 젊은데 마음 씀씀이가 무척 고맙다. 한참을 지나서 승객 한 분이 올라와 승객은 두 사람뿐이다. 고향 마을에서 내리면서 "고맙습니다."라고 인사를 하였다. 그리고는 내일 아침 열차표를 예매하려고 역으로 갔다. 사무실에 역무원이 보이지 않아 큰 소리로 불렀더니 한참 있다가 역무원이 얼굴을 내밀고 어디로 가는지를 묻는다. 고향 역에서 탈 수 있는 기차도 왕복 두 편이 고작이다. "동대구요!"하고는 기다린다. 선착순이 아니고 내일 아침 시간에 맞추기 위해서다.

고향 집에는 형님 내외분이 계시고 조카들은 모두 타지에 살고 있다. 고샅길에 들어서면 어머니가 생각난다. '고향은 어머니이고 어머니는 사랑이다.'라는 방정식을 갖고 있다. 살아계실 때 객지에 사는 아들이 집에 다니러 간다고 연락을 드리면 어머니는 언제나 고샅길에 나와 계셨다. 아들을 보면 힘 빠진 주먹으로 자식의 가슴을 두드리며 "왜 이리 늦었노?"하시던 모습이 선하다. 그리고는 손수 메밀묵과 국수를 만들어 내오시곤 하셨다. 그것은 음식이 아니라 사랑이었다. 지금도 고샅길에 서면 어머니의 모습이 어른거린다.

아침에 역으로 갔다. 대합실에는 혼자뿐이다. 넓은 대합실 한쪽에는 방을 만들고 히터를 설치해서 승객이 추위에 떨지 않도록 배려해 두었다. 잠시 후 역무원이 문을 열고 들어오더니 히터가 작동하는지 손을 대보고 "날씨가 춥지요." 하고 인사를 건넨다. 아직 시간이 좀 남았으니 여기서 기다리시고 열차가 구내로 들어오면 다시 연락을 하겠단다. 방을 둘러보니 책꽂이에는 여러 종류의 잡지가 꽂혀 있고 고향의 특산품인 산마 제품이 전시되어 있다. 그리고 안동삼베의 제작공정과 하회탈이 전시되어 있다. 나름대로 정성을 다해 꾸민 흔적이 보여 고맙다.

대합실 의자에 앉으니 60여 년 전의 일들이 떠오른다.

내가 초등학교를 다닐 때에는 면내에 초등학교가 5개나 있었다. 지금은 소재지인 동네에 한 개밖에 없다. 그때 해방을 맞았고 6·25가 터졌고 피난살이도 겪었다. 지금은 마을에 중학교가 있지만 그때는 읍내에 가서 중학교를 다녔다. 그 시절에는 통학열차가 다녀서 통학을 했었고 6·25전쟁으로 기차가 다니지 않을 때에는 얼마 동안 40리를 걸어서 학교를 다녔다. 그때 면내에서 중고등학교에 다니는 통학생과 일반인들이 매일 아침 50여 명은 넘었다. 오늘은 승객이 혼자뿐이니 세월이 너무나도 달라졌다.

역무원이 와서 지금 열차가 들어오고 있으니 홈으로 나가서 기다리라고 한다. 그러고는 열차가 3량뿐이니 멀리 가지 마시고 안내판 옆에서 기다리다가 타시라고 일러주면서 "손님, 안녕히 다녀오십시오."라고 인사를 한다. 가족이 외출한 것처럼 그 인사가 너무나 정겹다.

열차에 올랐다. 그 넓은 공간에 띄엄띄엄 앉아 있다. 지정좌석에 갔다. 먼저 앉은 분이 있어서 인사를 나누었다. 그분은 안동까지 가신다며 창문 쪽으로 앉기를 권한다. 가벼운 잡지를 꺼낸다. 읽다가 보면 웃음이 절로 나오는 대목이 나온다. 감기가 들어서 진료를 받으러 온 환자를 보고 의사는 "축하합니다."라고 인사를 한다. 환자가 어리둥절하고 있는데 의사는 "지금까지 쉴 사이도 없이 열심히 일만 하셨는데 쉴 수 있게 되었으니 축하한다."고 인사를 건넸단다. 환자는 화를 낼 수도 없고 웃을 수밖에 없다.

이제부터라도 고향에는 농사를 짓는 젊은이도 많아지고, 집집마다 아기의 울음소리도 들리고, 없어졌던 학교도 동네마다 새로 문을 열고, 고향 역에도 옛날처럼 많은 사람이 타고 내렸으면 얼마나 좋으랴. 혼자서 고향 역을 지키고 있는 역무원이 한 사람의 승객을 배려하는 그 따뜻함이 고향을 찾는 이들을 행복하게 해준다. 너무나 고맙고 감사한 일이다.

"손님, 안녕히 다녀오십시오." 역무원의 인사말이 긴 여운을 남긴다.

친절 그 한 마디

종합검진을 받았다. '잘 먹고 잘 노는데……' 아무런 이상이 없다고 해도 그런 게 아니란다. 아이들은 전문의의 입장에서 내리는 판단이고, 이미 위 절개수술을 받은 적이 있으니 걱정이 되는가 보다.

'돈을 준대도 가고 싶지 않는 곳'이 있다면 병원도 그 중의 하나다. 아이러니하게도 병이 나면 반드시 도움을 받아야 하지만 그로 인해 적지 않은 고통도 겪어야 하니 얻는 것보다 잃는 게 더 많다고 느끼기 때문이리라.

며칠 후에, 10여 장이 넘는 종합 건강진단 결과표를 보면서 의학전문용어로 풀이되어 있어서 내 상식으로는 이해하기 힘든 데가 많았다. 그러나 그 중에 '조기위암 의심 소견'이 눈에 띄었다. 자세히는 모르지만 암이라면 '암 =항암치료 =고통 =죽음'의 등식이 떠올랐다. 그러나 '그것 때문에 칼을 댔는데 설마 또 그럴 리야……'하고 대단찮게 넘겼다.

지금까지 그래도 건강하게 지내왔고, 혹시 결과를 보고 이상이 있더라도 '또 배를 여는 수술'은 받지 않겠다는 뜻을 분명히 했다. 그런데 "뭐 대단한 게 아닌데요."하면서 20여 일 뒤 내시경 시술을 받도록 예약을 해두었단다. 막내가 예약된 날짜에 휴가를 얻었다며 같이 나섰다. 서두르는 모양새가 내가 생각하는 그런 '가벼움'만이 아닌 듯했다.

대기실에서 차례를 기다리고 있는데 불안해 보였던지 "아버지, 긴장하지 마세요. 간단하게 끝나요."한다. 그리고 마취제가 주사되자, 손을 잡으며 "한잠 주무세요."한다. 두어 시간 동안 모든 걸 내맡겼다. 아직 의식이 몽롱한데 담당 의사는 "힘드셨지요. 수술이 잘되었습니다. 며칠만 입원하시지요……"한다. 시술 전에 담당 의사가 "혹시 배를 다시 열어야 될지도 모릅니다."라는 말이 떠올랐다. 그래도 열지 않았으니 고마울 뿐이다. 몇 개의 약봉지를 매단 체 입원실로 옮겨졌다. "한잠 주무세요,……힘드셨지요." 이 한 마디의 말이 큰 위로가 된 것 같다. 환자는 처방대로 어떤 약인지도 모르고 먹으면서 치유하려고 애쓰지 않는가.

오래전의 일이다. 어린 젖먹이가 고열과 경풍으로 하룻밤을 힘들게 지새우고 안절부절못하다가 날이 밝아오고 해가 솟을 무렵 가까운 동네 병원으로 쫓아갔었다. 앓는 아이를 다독거리며 눈이 빠지도록 이제나 저제나 하고 기다리는데 의사선생님은 두어 시간이 지나서야 아래층의 진료실로 내려왔었다. 역지사지로 급한 불은 꺼야겠지만 신뢰를 저버린 것 같아 다시는 그 병원을 찾고 싶지 않았다.

병원을 드나들면서 부끄럽고 가슴 아린 기억도 없지 않다.

어느 날, 종합병원 검사실 앞에서 대기하고 있었다. 진료받을 차례가 되었다. 검사실 방에는 컴퓨터에 불이 켜져 있었고, 벽에 붙은 수술대가 놓여 있었다. 그리고 젊은 의사는 돌아보지도 않고 다른 일을 하다가 서 있는 환자에게 한 마디를 던진다. "누우세요."한다. 베개가 놓여 있으면 머리 둘 곳을 알겠는데……. 눈치를 보며 북쪽으로 머리를 두고 누웠다. 잠시 침묵이 흘렀다. 뭐 바쁜 일이 있나 했더니 "옷을 벗으세요."한다. 어느 옷을 어떻게 벗어야 하는지 참 헷갈린다. 눈을 감고 한참을 그냥 누워 있었다.

눈인사는 없더라도 "머리를 이쪽으로 하고, 벽을 향해 누우시고 엉덩이가 드러나도록 옷을 내리시고……, 조금 힘드시지만 1~2분만 참으세요." 라고 방법만이라도 한 마디 해줄 수는 없는 것일까.

물론 하루도 아니고 매일, 수십 명에게 같은 일을 반복하기에 재미없고, 짜증나는 일일지는 몰라도 환자는 처음 당하는 일이라 황당할 수밖에 없다. 자존심이 무너지고, 심한 수치심으로 견디기 힘들었다면 그건 분명 잘못된 일이다.

환자는 병에 대해서 모르니까 늘 불안하다. 상대편을 배려한 말이 병을 낫게 하지는 못할지라도 환자도 병에 대하여 자세하게 알고 인간적인 대접을 받아야 할 권리도 있지 않을까.

의사선생님의 "힘드시지요." "최선을 다할게요." 등의 말은 잘 모르지만 사치스럽고, 책임을 져야하는 말일까. 조금은 힘들더라도 인간으로 대접해 주는 말이나 행동, 그게 어떤 것이든 듣고 싶어하고, 받고 싶어하는 건 비단 혼자만의 바람일까. 어쩌면 약자들이 갖는 가장 낮은 차원에서의 희망일지도 모른다. 사람의 향기가 그립기 때문만이 아니고 지치고 불안에 떠는 환자는 누구에게나 따뜻하고 친절한 한 마디의 말을 듣고 위로를 받고 싶어하리라.

직업의 전문성 못지않게 중요한 것이 인간적으로 배려하는 윤리관이 아닐까.

너무나 닮았다

핸드폰이 사람들의 생활에 필수품이 되어버렸다. 길을 걷거나 지하철을 타면 대부분의 사람들은 핸드폰을 들고 다니거나 통화를 하고 있다. 바쁜 세상이 손안에서 놀고 있는 느낌이다. 요즈음은 초등학교 고학년만 되어도 핸드폰을 가진 아이들이 많다. 부모님의 입장에서 보면 그럴 만한 이유는 있지만 좀 지나치다는 생각도 든다.

내 휴대폰의 역사는 길지 않다. 맏이가 5년 전쯤 외국으로 파견근무를 떠나면서 휴대폰을 두고 갔다. 번호를 바꾸어 그걸 가지고 있다가 너무 구식이라는 성화에 5만 원을 주고 새로 바꾸었다. 사실 나한테 핸드폰은 있으나마나다. 거기에 매달려야 할 그렇게 바쁜 일도 없을 뿐더러 온종일 있어도 걸려오는 전화가 거의 없고 그 잡다한 기능도 필요치 않다. 그저 가끔 전화를 걸고 산책할 때 라디오를 듣거나 손녀에게 메시지를 보내는 일뿐이니 말이다.

어느 날 초등학교 3학년인 맏손녀가 "할아버지, 문자를 보낼 수 있어요?" 하고 묻는다. 모른다고 했더니 핸드폰을 가지고 오란다. 그리고는 문자 쓰기 시범을 보이며 "사랑하는 선영이"라고 써서 전송해 보란다. 아직도 부호나 숫자를 넣는 일들은 서툴다. 실컷 더듬거리며 메시지를 남겼는데 어쩌다 단추 하나를 잘못 눌러 허사가 되고 만다. 그럴 때는 허허하고 웃고 만다.

요즈음 손녀와는 하교할 때부터 에미나 애비가 퇴근할 때까지 같이 있다가 집으로 온다. 등교할 때는 에미가 데려다주고 하교할 때는 매일 시간은 다르지만 그 학교버스 정류장에서 기다렸다가 데리고 온다. 그리고 학원시간이 되면 손잡고 나가 버스에 태우고 마치는 시간에 데리고 온다. 학교에서도 매일 5, 6교시에다 또 방과후학교까지 시간이 꽉 짜여 있다. 집에 오면 요일에 따라 미술, 피아노, 플루트, 영어 등의 과외가 기다리고 있으니 한창 뛰어 놀아야할 시기인데…… 안쓰럽다. 손녀는 학원 공부가 끝나면 "할아버지, 저 지금 가요." 라고 메시지를 보낸다. 그러면 이유 없이 서둘러 나가 데리고 온다.

어느 토요일 늦게 손녀는 친구의 가족과 함께 1박 2일의 여행을 떠났다. 저녁때가 되니 허전함이 밀려와 메시지를 보냈다. "우리 공주님! 엄마 아빠와 좋은 시간 보내세요. 그리고 맛있는 것 많이 먹고. 할아버지가." 바로 답장이 왔다. 군더더기 없이 "네." 딱 한 마디다. 참 간결하고 여운이 남아서 좋다. 가끔 메시지를 보내면 할아버지의 걱정에 답은 역시 "네." 한 마디다.

어느 날, 냉장고를 열었더니 손녀가 먹을 우유가 없었다. 그러나 집에 혼자 남겨두고 나갈 수가 없었다. 에미가 진료시간에는 전화를 받지 않아서 퇴근시간이 가까워 문자를 보냈다. "소피아, 퇴근해서 우유 좀 사오렴!" 곧 회신이 왔다. "네." 한 마디다. 깜짝 놀랐다. 똑같이 그 대답이 "네."라니 말이다. "아하, 선영이가 에미를 닮았구나!" 평소에 보면 닮은 점이 적지 않다. 마음씨가 온순하고 말이 적은 것이나 일처리에는 분명하게 맺고 끊는 것이나 음식에 욕심을 부리지 않는 것들이 에미를 쏙 빼닮았다. 역시 핏줄은 못 속인다 하더니 어느새 딸이 에미를 닮아가고 있었다.

외손자

상주에 있는 외손자가 집에 온다는 전화가 왔다. 이사를 한 지 얼마 되지 않았고, 외손자도 형제끼리만 온다니 혹시 길이 어긋날까 봐 서둘러 정류장으로 마중을 나갔다. 도착 예정시간까지는 아직도 30여 분이나 남았다. 종점에 도착한 버스에서 내리는 사람들을 한 사람 한 사람 눈여겨보다가 문득 오래전에 돌아가신 '어머니' 생각이 떠올랐다.

'벌써 얼굴엔 주름살이 지고, 백발은 성성한데, 그리고 이 나이에…… 무슨 감상에 젖느냐.' 하면서도 막내에게 각별하였던 어머니에 대한 생각은 떠나지 않는다. 초등학교를 졸업하고 읍내 중학교에 입학하면서 하숙을 하게 되었다. 얼마 동안은 학교를 파하고 하숙집 대문을 들어설 때마다 '혹시 오늘은 어머니가 오시지 않았을까?'하고 댓돌에 놓인 낯선 신발을 찾는 게 버릇처럼 되어버렸다.

토요일은 공부를 마치면 어떤 일이 있어도 40리 길을 걷기도 하고(6·25사변으로 버스가 다니지 않아서), 걷다가 재수가 좋은 날은 목탄트럭을 얻어 타기도 하고, 열차시간이 맞으면 역에 가서 기차를 타고 집으로 좇아갔다.

문을 열면서 "엄마!"하고 불러보고는 기척이 없으면 집에서 가까운 논·밭으로 달려갔다. 흙 묻은 엄마의 손을 덥석 잡으면 "배고프겠다."하시며 곧장 집으로 와서는 칼국수를 끓여 주시거나, 묵을 채쳐서 허기진 배를 채워주셨다. 지금도 즐겨 먹는 음식이 되었고 '어매'가 생각날 때면 촌집 냄새가 나는 칼국수 집이나 묵 집을 찾는다. 이렇듯 어머니에 대한 애틋한 추억은 가슴 깊숙이 잠재워져 있다가 예기치 않는 시간에 불쑥 솟아오르나 보다.

큰놈이 버스에서 내린다. 외손자는 덩치가 커지고 건강한 모습이어서 우선 마음이 놓인다.

맏딸 크리스티나는 울진과 구룡포에서 비둘기처럼 보금자리를 틀고 살다가 맏이를 유치원에 보내려던 시기에, 둘째가 갓난아기였을 때에 하늘나라로 훨훨 날아가 버렸다. 크리스티나는 사범대학 국어교육과를 졸업하고 교직을 택했었다. 글이나 그림 솜씨도 제법이어서 맏이가 태어나면서부터 자라는 모습을 그림이나 사진 그리고 글로 달력을 만들어 걸어두곤 하였다. 어느 부모든 자식에게 쏟는 사랑의 무게를 달아보고 그 사랑이 가볍다거나 무겁다 하랴마는 자꾸 그런 일들이 세월이 지나도 눈에 밟힌다. 그 에미는 바다가 가까운 동산공원에 깊이 잠들어 있고, 그 씨앗이 자라서 큰놈은 고등학생으로, 작은놈은 중학생이 되었다.

애비는 지금까지도 그 둘만을 껴안고 살아가고 있다. 10년이면 강산도 변한다고 하는데 강산이 변하고도 여러 해가 지났으니 그 긴 세월 동안 별 탈 없이 자라준 게 참으로 대견한 일이 아니랴.

그 놈들이 집에 온다니…… 그러나 집사람이 외손자들을 보면서 혹시라도 가슴에 꼭꼭 묻어둔 서러운 불씨가 다시 살아날까 봐 조심을 한다. 그저 곁에서 하고자 하는 바를 따를 뿐이다.

형제간에 하는 일을 지켜본다. 놀 때도 같이 놀고, 잘 때에도 서로 손을 잡고 잠자리에 들고, 어디를 가도 서로 찾아서 함께 다닌다. 그런 모습을 보여주지 않았으면 좋았을 텐데……. 지금까지 학교에 갔다 와도, 밥을 먹을 때도, 공부를 할 때도, 잠을 잘 때도 늘 형제뿐이었으니 아마 오랜 버릇으로 그렇게 굳어버린 것일 게다. 그 긴 세월을 지내오는 동안 어찌 어려움이 한두 가지이었으랴 마는 그걸 이겨내 주어서 너무도 고맙다.

멀리서 지켜보기만 하고 그 어린것들이 늘 외톨이로 지낸 힘든 날들을 생각하면 가슴이 미어져온다.

'유치원에는 누가 그 어린것의 손을 잡고 같이 가 주었을까.'

'친구들이 에미 없는 아이로 따돌릴 때 어떻게 이겨냈을까.'

‘엄마와 함께하라는 숙제는 어떻게 했을까.’

‘그림자도 없는 집에서 얼마나 소리죽여 엄마를 불러 보았을까.’

하늘에 있는 네 에미도 너희들의 자람을 내려다보고 기뻐할 것이리라.

그러나 또래의 손자와 노는 모습을 보면서 웃음과 생기가 사라지고 그저 조용히 관망하기만 하는 그들을 지켜보면서 앞산이 뿌연 운무로 가려진다. 앞으로 다가올 많은 날에 언제나 밝고 포근한 햇볕이 쏟아져 그들에게 주어진 하루하루가 건강하고 즐거움과 기쁨이 넘치는 날들이 되기를 염원한다. 그리고 마음이 가난한 네 애비에게도 행복한 세상을 살게 하고, 하늘나라의 크리스티나에게도 평화의 안식을 주시도록 두 손을 모은다.

화복무문禍福無門이요

왜 그렇게 화가 났을까? 저녁을 먹고 산책을 나섰다. 늘 시간이 날 때마다 다니는 무지개공원 산책길이다. 벌써 어둠이 몰려오기 시작한다. 조금 있으면 사람들의 모습은 윤곽만 드러날 뿐 얼굴을 감춰주는 시간이다. 오늘은 어둠이 오히려 편안하게 느껴진다. 오전에는 '담수아카데미'에서 '삶의 향기'에 대한 이야기를 하고 왔다. 어쩌면 더 진솔한 삶을 더 오래 살아오신 분들 앞에서 '내 삶'을 얘기하는 것에 부담을 가진다. 착하게 살기로 염원을 하지만 아직까지 본이 되는 그 경지에 이르지 못한 때문이리라.

하교시간에 학교버스 정류장에는 또래 아이들 10여 명이 내리는데 거의 젊은 엄마들이 마중을 나오지만 할애비가 대신한다.

맏손녀는 초등학교 3학년이다. 아직 어리기도 하지만 그곳은 차들이 많이 다니고 여러 개의 횡단보도를 건너야 하는데 걱정이 된다. 차에서 내리는 모습을 보면 누가 나왔을까? 하고 두리번거린다. 어쩌다 몇 분만 늦으면 타박대며 혼자 걷는 모습이 눈에 밟히어 시간에 늦지 않게 나가 데리고 온다. 친구들은 "정년퇴임을 하고도 매여 사느냐?" 하며 핀잔을 주기도 하지만 손녀를 돌보는 일은 가장 중요한 일 중 제1순위다. 사실 잘 놀아주지도 못하지만 시중을 드는 일이다. "할아버지! 숙제한 거 사인하고 문제지 채점해요. 그것 다하면 받아쓰기 할 건데 불러주세요." 끝이 없다. 무거운 책가방을 받아 메고 손을 잡고 오면서 오늘 학교에서 있었던 일을 들려주며 활짝 웃는 그 모습에 피로를 잊는다.

에미가 퇴근을 했다. 임무교대를 하고 20여 분 거리인 집으로 온다. 아파트의 열쇠를 찾았더니 주머니에 없다. 오후에 날씨가 더워 윗옷을 벗어두고 왔는데 거기에 둔 걸 잊고 있었다. 아파트에 도착해서 집에 전화를 했더니 받지 않는다. 다시 핸드폰으로 연락했더니 전화기가 꺼져 있단다. 오늘 밤은 일교차가 심한 데다 바람도 불고 반소매를 입었으니 춥기까지 하다. 어둠 속 빈 의자에 앉아 번갈아 전화를 해도 신호만 갈 뿐 연락이 안 된다. 그럭저럭 30여 분이 흐르고 또 한 시간이 지났다. 아파트 경비원이 "날씨가 찬데 왜 밖에 나와 있느냐?"고 걱정을 한다. 벌써 시간은 흘러 밤 11시에 가깝다. 무슨 핑계를 댈까 궁리를 하면서 막내

집으로 발길을 옮겼다. 그때 전화가 왔다. “어머님 전환데요. 집에 오니 아무도 없다고……” “알았다.”하고 다시 발길을 돌린다. “오후에 어디 간다고 하든지, 몇 시쯤 온다고 알려만 주었어도 좋았을 건데……” 현관문을 밀고 말없이 방으로 들어갔다.

산책을 하면서 호스피스활동에 대한 대담을 들은 어제의 일이 떠오른다. ‘그저 두어 시간 기다렸을 뿐인데…….’ ‘그렇지! 열쇠를 잊은 것도 내 탓이고, 조금만 더 참고 기다렸으면 문제가 없었을 테고, 운동삼아 걸어서 아이들 집에 갈 수도 있었는데…….’ 그리고 현관을 들어서면서 “두어 시간 밖에서 기다리는데 날씨가 차기도 하고 너무 힘들었다.”고 웃어넘기든지, 아니면 “전화를 좀 열어 놓았으면 좋았을 텐데……”하고 말문을 열 걸 그랬다.

좌전左傳에 이런 구절이 있다. ‘화복무문禍福無門이요 유인소소唯人所召라’ (화복은 출입하는 문이 없다. 오직 사람들이 불러들이는 바에 따라 출입한다.)

오늘 산책에서 삶의 향기를 배운다. 무지개공원에서 길어온 생수를 컵에 따라 말없이 아내에게 건넨다. ‘허허……’하고 웃음이 나온다.

작은 행복이 눈짓을 할 때

친구의 점심 초대에 "그래 좋다."고 했다. 그 친구는 사범학교 동기생이기도 하지만 교직 끝무렵 항구도시에서 같이 근무하였고 서로 비슷한 아픔을 가슴에 지니고 살아가고 있다. 벌써 스무 해쯤 흐른 일이지만 결혼을 해서 비둘기처럼 가정을 꾸리고 살던 외동(맏)딸을 먼저 하늘나라로 보낸 같은 처지여서 어느 때는 눈빛만 보고도 그 마음을 읽는다.

점심을 먹고, 집에 가서 술이나 한잔 하자고 한다. 가끔 댁을 방문하면 늘 아껴두었던 술과 안주를 찾아오느라 부엌을 들랑거리는 그 꾸밈없는 모습을 보노라면 일흔을 넘었어도 '아기 같다.'는 생각이 드는 친구다.

친구 집의 거실에는 외동딸이 남긴 서예작품을 전시해 두었고, 서재에는 가족사진도 걸어두고 있다. 집에서는 혹시 딸에 대한 회상의 빌미를 줄까 봐 여러 모로 서로가 조심하는 터다. 자식을 먼저 보낸 부모의 아픔은 말로는 위로를 줄 수 없음을 알기 때문이다. 어쩌다 문득 생각이 떠오르면 저절로 눈물이 고여 흘러내리니 그게 할 짓이 아니다.

술잔을 주거니 받거니 하다가 베란다에 정성스레 꾸며 놓은 실내 정원에 눈길이 머문다. 그리고 거실에 옮겨 둔 게발선인장(크리스마스 선인장)이 꽃을 피우고 있었다. 아, 이 선인장도 꽃을 피우는구나! 처음으로 꽃핀 모습을 구경한 셈이다.

퍽 여러 해 전에 새끼손가락 크기의 게발선인장 한 마디를 얻어와 화분에 심었다. 그런데 지금은 뿌리 가까운 줄기는 아기 엄지처럼 굵어졌고 게발은 열 손가락이 모자랄 정도로 뻗어 자랐다. 매서운 겨울을 지내도 추위에는 약한 열대식물이라는 것도 잊고, 그대로 베란다에 두었고, 한 번도 거실에 들여놓을 생각을 하지 못했다. 아마도 거실로 옮겨 따뜻하게 대접한 선인장은 보은의 심정으로 아름답게 꽃을 피우나 보다.

집에 돌아와 무관심에 대한 죄스런 생각이 들어 산세베리아와 선인장, 그리고 석화 등 몇 개의 화분만 거실로 옮겼다. 게발선인장은 두 개의 줄기 중에 한 줄기는 벌써 얼어서 축 늘어져 버렸고 다른 줄기는 고개를 쳐들고 생기가 돌더니 한 주일쯤 지나서는 그 꼬리에 쌀알 크기의 불그레한 꽃망울이 맺혔다. 그게 두어 마디의 길이로 자라더니 분홍색 겹꽃을 피우고 가지마다 시샘을 하듯 다닥다닥 붙어서 꽃을 달고 있다. 그리고 10여 년 동안 부석에 심은 한 뼘 크기의 동백은 처음으로 세 송이의 꽃을 피워 활짝 웃더니, 또 춘란이 붓끝 같은 꽃대를 내밀어 손짓을 한다. 세상살이가 어렵다고 야단들이지만 오랜 세월을 기다려 열매를 맺고 소리 없이 꽃을 피워 행복한 웃음을 열게 한다.

돌아보면 그들을 위해 아무것도 해준 게 없으면서도 꽃을 보고는 좋아한다고 핀잔을 줄 것만 같다. 그러나 그 인내의 열매에 어찌 감사하지 않으랴. 식물 재배에 대한 지식도 없으면서 꽃을 기르고, 더구나 빈털터리이면서 여러 모임을 기웃거리고, 자기의 판단이 최선인 양 알량한 자존심을 세운 적은 없는가. 참 부끄러운 일이다. 아직도 배워야 하고, 용서받아야 할 것들이 너무도 많은데 이제는 해넘이여서 시간이 아쉽다.

게발선인장과 동백과 춘란의 작은 꽃들의 행복한 눈짓을 안으며 앞으로 얼마나 시간이 허락할지는 몰라도 나머지의 삶에는 인내와 겸손과 감사하는 일만이 주어진 보속이 아닐까?

제 Ⅳ 부

잘 놉니다

잘 놉니다 · 1 – 사랑을 먹고

잘 놉니다 · 2 – 선영이

잘 놉니다 · 3 – 고마워!

잘 놉니다 · 4– 가위 바위 보

잘 놉니다 · 5 – 그 어느 날

잘 놉니다 · 6 – 천 원의 소망

잘 놉니다 · 7 – 생일날에

잘 놉니다 · 8 – 어버이날에

잘 놉니다 · 9 – 감사의 기도

나이가 들어서 '잘 노는 일'은 매우 중요한 일이다. 이즘 해넘이에 앉아 눈을 돌리면 벌써 영원한 산행을 결행한 사람도 있고, 병약하거나 다른 일로 고통을 당하거나 힘들어하는 사람이 적지 않다. 그건 결과적으로 잘 놀지 못한 탓이 아닐까?

-〈잘 놉니다. 3 - 고마워〉 중에서

잘 놉니다 · 1
— 사랑을 먹고

가끔 친구들에게서 전화를 받는다. 정년퇴임한 지도 수년이 지났으니 서로의 안부나 묻고 어떻게 소일하고 있는지 궁금하기도 하여 걸려온 전화들이다.

"요즈음 어떻게 지내나?" 대답은 늘 하나다.

"자알 놀지!" 하고는 웃고 만다.

어쩌면 해학적이거나 비아냥스레 들릴지 모르지만 사실이니 어쩔 수 없다. 노욕으로 특정 분야에 전문적인 지식도 없으면서 남의 말만 좇아 여기저기 투자했다가 쪽박 찬 이야기를 듣기도 하니 잘 노는 일도 정신건강을 지키는 하나의 방법이긴 하다. 논다는 것도 사전적인 해석이 아닌 '애기 시중을 들며 한가하게 있다.'는 뜻으로 한 말이다.

여태껏 자식을 기르는 건 아내의 몫으로 치부하였고 퇴임 후에도 한참 동안 산행과 테니스, 그리고 남들이 보기에는 하찮은 일에 많은 시간을 할애하였다. 그런데도 투자에 비해 어느 분야에도 그럴듯하게 이룬 것 없이 시간들을 흘려보낸 셈이다.

일터에서의 이런 얘기를 떠올린다. 자기에게 맡겨진 일을 제대로 처리하지 못하여 문제를 일으켰을 때 "집에 가 애기나 봐라……"하고 핀잔을 맞는다. 그러면 머리를 긁적이며 "볼 애기도 없는 걸."한다. 핀잔이나 응수도 웃음을 삼키게 하지만 맡은 일을 제대로 감당하지 못하는 사람은 애기 보는 일도 쉽지 않음을 체험으로 배운다.

요즈음 일과 중에 가장 중요한 일은 맏손녀인 선영이와 노는 일이다. 긴 속눈썹과 동글고 뽀얀 얼굴을 가진 18개월의 젖먹이다. 막내아들 내외가 직장을 가지고 있으니 어린것을 보는 일은 할애비와 할미의 몫일 수밖에 없다. 더 어릴 때에는 시간에 맞춰 분유를 타서 먹이고 기저귀를 갈아주면 되었는데 이제는 걸어다니고, 뛰고, 온갖 저지레를 하고 다니니 놀 때나 자고 있을 때에도 늘 곁에 있어 주어야 한다. 한 가지 장난감으로는 1분을 넘기기 어렵고, 그네나 시소에 올라타도 몇 초가 고작이다. 거실에서 조용하다 싶어 방마다 기웃거려보면 책에다 크레파스로 낙서를 하고 있거나, 여러 가지 물건들을 온 방에 늘어놓는 데 정신을 쏟고 있다. 겨우 재워놓고 책이라도 한 줄 볼라치면 언제 일어나 곁에 와 가만히 서서 보고 있다.

새록새록 잠든 모습을 지켜보고 있으면 참으로 평화스럽다. 제 애비와 에미가 안심해도 될 만큼 유순한 성질을 타고났다.

선영이는 낯을 가리지 않는다. 매일 출근을 하면서 데리고 온다. 카시트에 앉아 있다가 할애비를 보고는 방긋 웃음을 지으며 안긴다. 그리고는 어깨를 톡톡 두드리며 잔잔한 애정을 표현한다. 낯가림을 하여 애비나 에미에게서 떨어지지 않으려 한다면 하루하루가 힘들 터인데 고맙기 그지없다. 저녁에 제 집에 갈 때에도 미련 없이 선뜻 따라나선다. 할미는 "헛일이야!"하며 서운한 기색이지만 그게 인륜이 아니랴.

그리고 누구를 보든 잘 웃는다. 웃음은 누구에게나 평화를 준다. 웃는 것도 타고나지 아니하면 어렵다는 생각을 하게 된다. 웃음 한 번 흘리지 않고 살아가는 건 자신에게도, 남에게도 차갑고 고역일 뿐이라는 것을 알고는 있지만 표정을 바꾸는 일이 어디 쉬운 일이랴. 웃음을 잘 짓는 복을 타고났으니 감사한 일이다. 웃는 모습이 참 귀엽다.

어느 때든 "좋다, 싫다."가 분명하다. 사회생활에서 남을 배려한다는 이유로 이것도, 저것도 아닌 흐리멍덩한 표정을 짓는 경우를 가끔 보게 된다. 그것이 분명한 사람을 평할 때 사회성이 없느니, 막혔느니 한다. 맘마를 먹을 때에도 한 숟갈 받았다가도 입에 맞지 않으면 뱉어버린다. 그건 누가 주든 상관하지 아니한다. 무엇을 생각하고 그렇게 하는 건 아닐지라도 너무도 분명해서 좋다.

가끔 단음절어로 은근한 의사표시를 한다. 거실에서 놀다가 가까이 다가와 손가락을 펴 내 손을 찍고는 혼자서 걸어간다. 일어나서 따라오라는 말이다. 따라주지 않으면 그 행동을 반복한다. 밥솥 옆으로 가서 "바"하면 밥을 달라는 말이다. 식탁 옆으로 가서 "까"하면 과자를, "밀"하면 물을, 냉장고 문을 잡고 "요"하면 요구르트를 달라는 표현이다. 현관에 있는 신발과 양말을 가져와서 발을 내밀면 이걸 신겨 밖으로 나가자는 말이다. 그대로 따르지 않으면 바둥거리며 운다. 어찌 들어주지 않으랴.

선영이는 늘 만족스런 '지금'이 있을 뿐이고 내일을 걱정하지 아니한다. 우리의 걱정거리 중에 정리해야할 것은 10%가 되지 않고 거의가 일어나지 않을 일, 지난 일, 그리고 가공적인 것이라 하지 않던가. 애기는 가장 약하고 가난한 자이나 누구도 당해낼 수 없는 가장 강한 자이기도 하다. 그래서 무엇이든지 요구하고, 잘 잊고, 울다가도 금방 웃는다.

요즈음은 하루하루가 달라지는 모습들을 본다. 어느 날은 "할아버지"하며 새 말이 튀어나오고, 노래에 맞춰 어설프게 몸을 흔든다. TV를 보고 있으면 혼자 놀다가도 언제 왔는지 꺼 버린다. 같이 놀아주지 않는다고 제 딴에는 투정을 부리는 것일 게다. 유치원 프로그램이나 광고는 애기답지 않게 신기할 정도로 열심히 들여다본다. 자람의 신비가 오묘하다.

아이들은 사랑을 먹고 자란다고 한다. 어쩌면 할애비와 할미의 무조건적 사랑이 버릇없는 아이로 길렀다는 얘기가 나올까 봐 저어한다. 선영이를 보고 있으면 몸은 힘들어도 세상을 잊는다. 선영이를 가슴에 안고 엘리베이터를 오른다. 건강한 자람을 염원하며 감사의 하루를 시작한다.

"선영아, 오늘도 할애비와 잘 놀자."

잘 놉니다 · 2

— 선영이

선영이는 지금 낮잠을 자고 있다. 여름날, 소나기가 억수같이 퍼붓고 나서 어느새 활짝 갠 파란 하늘처럼 너무도 평온하다. 선영이의 하루는 애비의 출퇴근 시간에 맞춰 이른 아침에 할애비 집으로 출근했다가 저녁 늦게 제 집으로 퇴근한다. 얼마 전부터는 생각하지도 못한 일들이 자주 일어난다.

애비가 퇴근을 해서 같이 놀다가 "집에 가자."고 하면 "난 할아버지 집에서 잘 거야!"한다. 처음엔 그냥 하는 소리이려니 했었으나 그게 아니다. 집에 데리고 갈 생각으로 "공원에 놀러가자." 고 꾀어서는 한 시간쯤 놀다가 다시 차에 오르면 "할아버지 집으로 가."하면서 떼를 쓴단다. 하는 수 없이 밤 9시를 넘긴 시각에도 다시 데리고 온다. 도대체 그럴 이유가 전혀 없는 것 같은데도 말이다. 초인종 소리에 "이 늦은 시각에 누가……?" 하고 현관문을 열면 눈물 자국도 또렷이 할애비한테 안긴다. 애비와 에미는 온종일 힘드셨을 텐데 밤 시간만이라도 쉬게 하려는 생각이었으리라.

어느 날, 저녁시간에 아들 내외가 함께 들렀다. 저녁을 먹고는 "집에 가자."고 했다. 그러나 "난 여기서 잘 거야!"한다. 엘리베이터 문 앞까지 따라가서는 "안녕히 가세요. 내일 또 만나."하고는 "빠이빠이."하면서 손을 흔든다. 에미는 엘리베이터의 천장을 쳐다보고 멍하니 서 있다. 온종일 힘 드는 일에도 딸의 재롱만을 생각하면서 지냈을 텐데…….

"…… 뭘 알아서 그런 행동을 하는 게 아니니 의미를 두지 마라."고 얘기는 하였지만 무척 서운한 모양이다. 아이들은 선하심 후하심이고 어떤 일도 마음에 담아두는 것이 없다. 항상 생각대로 말하고 행동할 뿐이다.

오늘도 방 안에서만 놀았으니 바람이나 쏘일 요량으로 아파트 놀이터에 데리고 갔다. 말, 돌고래, 자동차를 한 번씩 올라타 흔들어대고, 시소와 회전그네를 타고 놀다가 모래가 쌓인 놀이터에 가자는 걸 "아이스크림 먹으러 가자."하고 집으로 데리고 왔다. 그런데 그게 못마땅한 모양이었다. 현관에 들어서자마자 울음을 터뜨린다. 아무리 달래도 소용이 없다. 옷 입은 채로 쉬까지 하면서 버둥댄다. 씻겨서 옷을 갈아입히고 다시 지하 마트로 내려가서 스티커 북과 아이스크림을 사서 들려서 왔다. 한참을 걸어오다가 다리가 아프단다. 그리고는 두 팔을 벌리며 안고 가잔다. 얼굴을 가슴에 묻더니 금방 잠잠해진다. 잠투정을 했나 보다.

두어 시간 자고 일어나 할애비가 보이지 않으면 늘 하는 방식대로 방마다 기웃거리며 찾아서는 기척도 없이 옆에 와 서서 생글거린다. 아무 일이 없었던 것처럼 그 모습이 참 좋다.

선영이는 오늘, 지금이 있을 뿐 내일을 걱정하지 아니한다. 그리고 빈 그릇처럼 늘 비우고 있어서 모든 걸 다 받아들이고 어떠한 불만도 금방 행복으로 바꾸는 재주가 있다. 예, 아니오가 분명하고 꾸밈이 없는 진솔한 그대로의 모습, 영롱한 아침이슬 같은 아름다움이어라.

잘 놉니다 · 3
— 고마워!

나이가 들어서 '잘 노는 일'은 매우 중요한 일이다. 이쯤 해넘이에 앉아 눈을 돌리면 벌써 영원한 산행을 결행한 사람도 있고, 병약하거나 다른 일로 고통을 당하거나 힘들어하는 사람이 적지 않다. 그건 결과적으로 잘 놀지 못한 탓이 아닐까?

세상이 많이도 변했다. 한 50여 년 전만하더라도 남녀가 유별하여 아이를 보는 일이나 살림에 대한 것은 대체로 남자의 몫이 아니었다. 어른들이 계실 때에는 관습에 눌려 자식을 안거나 어르거나 한 기억이 없다. 그러니 어떻게 자라는지, 집에 쌀이 있는지 떨어졌는지도 모르고 그저 밖으로만 헤매고 다녔다. 요즈음 세상이면 여러 번 쫓겨났을 게다.

이제 다른 일은 모두 접고, 알아듣기 쉬운 말로 '애기를 보는 일'은 상상하기도 어려운 일이었다. 친구들은 '어떻게……'라고 애절한 생각을 하지만 관점을 달리하면 축복받은 일이다.

요즈음은 매여 있지 아니하니 어떤 일을 하든지 좀 여유가 있는 셈이다. 맏손녀는 주말에는 제 집에 갔다가 월요일부터 같이 지낸다. 막내 아들 내외는 혹시라도 딸과 소원한 관계가 될까 봐 퇴근 후 시간이 나는 대로 늦게까지 놀아주고 갈 때가 자주 있다. 부모와 자식 사이는 천륜을 따르게 되어 있으니 크게 걱정하지 말라고 타이르지만……, 왜 함께하면서 그 재롱을 보고 싶지 않으랴.

지난해에는 유치원 3세반에 입학시켰다. 가장 걱정스러운 것은 너무 어려서 적응을 해낼까 싶었다. 집에서는 세수도 시켜주고, 옷도 입혀주고, 끼니마다 밥도 먹여야 하는데……. 그런데도 한 번도 투정을 부린 일 없이 잘 다니고 친구들과 잘 놀아주어서 그런 다행이 없다. 1년이 지난 지금 많이도 의젓해졌다. 혼자서 할 수 있는 일이 많이 늘었다. 그리고 손 씻기, 밥 먹기, 잠자리는 조금만 도와주면 잘해낸다. 본래 조용하고 유순한 성격을 타고났지만 하는 짓이 볼수록 귀엽다.

아침에 유치원 버스를 태우려고 큰 길에 나와 손을 잡고 횡단보도에 서면

"할아버지, 파란불이 켜지면 손을 들고, 오른쪽 왼쪽도 보고,……건너요."한다. 어린 유치원생은 손을 들고 건너고 어른

은 지키지 않는 규칙……가슴이 뜨끔하다. 그리고 유치원 버스가 정차하는 곳에는 항상 또래 대여섯 명의 아이들이 기다린다. 날씨가 덥거나, 춥거나 온 차례대로 줄을 선다. 지하철역이나 공연장에서의 어른들의 질서를 생각하면 실망스럽고 부끄럽기까지 하다.

오후 2시쯤 버스에서 내린 손녀의 손을 잡고 집으로 온다. 걸어오면서 "오늘 재미있었어?" 하고 물으면 웃으며 고개를 끄덕인다. 그리고는 가방에서 오늘 작업한 것을 꺼내어 설명을 한다. 꾸밈없는 그 선한 웃음이 볼수록 기분이 좋다. 빵집을 지나온다. 할아버지의 옷을 당기며 쳐다보면서 작은 소리로 말을 꺼낸다.

"할아버지, 군고구마 빵을 먹고 싶은데 사 주면 안 될까?"한다.

"그래."하면 "고마워!"한다. 조그만 일이라도 도와주면 언제라도 "고마워!"한다. 세상을 편안하게 하는 참 아름다운 말이다. 그리고 선생님의 말씀은 지상명령이다. 유치원에서 집으로 오면 이 닦기, 손 씻기, 세수하기는 꼭 지킨다. 어제는 선생님이 밤 9시에 자면 키가 큰다고 하셨다면서 베개를 들고 와서 곁에 눕는다. 참 신기한 일이다. 왜 해야 하는지 그 이유보다도 선생님의 말씀을 신뢰하는 그 마음이 어찌 아름답지 아니한가. 신뢰는 곧 사랑이다.

혼자 놀고 있으면 거실로 나와 채널을 돌려본다. 곁에 와서 앉으며

"할아버지, 다른 방송을 보면 안 돼?"한다. 비디오테이프나 어

린이 프로를 보자는 얘기다. 할아버지가 보고 나서 보라고 하면 손바닥으로 밀기 내기를 하잔다. 어쨌든 이 내기에서는 여태껏 한 번도 이긴 적이 없다. 그리고 이기고 싶지도 않다. '이겼다.' 소리치고는 "당연하지."라고 말한다. '당연하다.'라는 말의 뜻을 아는 것일까? 살아가면서 서로 꼬이고 매듭지어진 것들이 이렇게 쉬이 풀릴 수 있으면 얼마나 후련하고 가벼울까.

어느 날은 베란다에 나와서 꽃망울이 다닥다닥 맺힌 '설화'를 가리키며 꽃 이름을 묻는데 "잘 모르겠는 걸."하고 대답했더니 그 다음 말이 걸작이었다.

"할아버지, 나는 5(5세)인데, 70(70세)이면서 그것도 몰라?"한다. 하루가 다르게 새 말이 톡톡 튀어나온다. 깜짝깜짝 놀라게 한다. 유치원에서 돌아오면 하는 일이 적지 않다. 교육방송도 보고, 컴퓨터로 꾸러기도 하고, 옛날이야기도 듣고, 아파트 놀이터에도 가고……, 참 일과가 복잡하다. 사뭇 곁에서 시키는 대로 따라하다가 보면 잠시도 쉴 틈이 없지만 거짓이 없고 비뚤어지지 않는 그 모습을 보는 즐거움이 오히려 크다. 늘 기쁨과 함께하니 살맛을 더한다. 그래서 '어린이와 같이 되지 아니하면 하늘나라에 들어가지 못한다.'라고 한 것일까?

지금 할애비에게 주어진 가장 중요한 일은 '애기를 보는 일'이 아닌 맏손녀와 '잘 노는 일'이다.

잘 놉니다 · 4

— 가위 바위 보

흔히 '잘 논다.'고 하면 일반적으로 좋은 의미로 쓰이지 않는 것 같다. 자기의 본분을 지키지 못하고 엉뚱한 데에 신경을 쓰고 수렁에서 헤맬 때 꾸중 섞인 말이나 비아냥거리는 말같이 들리기도 하지만 '잘 노는 일'은 참 중요한 일이 아닌가 싶다. 어린이, 젊은이, 늙은이 할 것 없이 몸과 마음이 건강하고 잘 놀아야 한다. 여기서 '놀(논)다.'는 '일이 없어 한가하게 있다.'는 뜻보다는 '재미있는 일을 하며 즐기는 것'으로 풀이하고 싶다.

금년 여름은 유난히도 더웠다. 그래서 선풍기나 에어컨의 신세를 지면서 주로 거실에서 지냈다. 유치원 4세반인 맏손녀 선영이는 가끔 잠결에 이불을 차버리거나 몸부림을 치기는 하지만 깊이 잠자는 버릇은 참 좋다. 밤 9시쯤, 동화책 두어 권을 읽고 잠자리에 들면 해가 뜰 때쯤에서야 일어난다. 할애비가 이른 아침 산책에서 돌아와 벨을 누르면 현관에 나와서 "할아버지, 어디 갔다 왔어?" 하며 활짝 웃으며 안긴다. 집 안에 퍼지는 첫 웃음이다.

아이를 돌보는 일은 최선을 다해도 본전이 될까? 유치원에서 돌아오면 하자는 대로 시중을 들고 따라 다녀야 한다. 예상치 못한 어떤 위험에 대한 노파심 때문이다. 오늘 아침에는 열이 좀 오른다. 체온을 재었더니 38도를 넘고 있다. 상비약을 먹여서 보내야겠다고 생각하고 있는데 할 말이 있다며 앉으라고 한다.

"할아버지, 크리스마스 때 어떤 선물을 받고 싶은지 알아?"

"잘 모르겠는데…… 뭔데?"

"내가 유치원에 갔다 오면 비누로 손 씻고, 발 씻고, 치카치카도 잘하잖아, 그치. 그래서 말이야. 쌍안경을 선물받고 싶걸랑……"

늘 제 에미와 떨어져 있어서 안쓰럽다는 생각을 하고 있었는데…….

"선영아!, 유치원 선생님이 전화가 왔었는데 여름방학 때 여행 다녀온 발표를 아주 잘했다고 하시더라. 그리고 어젯밤에는 할아버지한테 동화책도 너무너무 잘 읽어 주었거든. 그래서 오늘 유치원에 갔다 오면 할아버지와 같이 쌍안경 사러가자."하고 손가락을 걸었다.

하교시간에 손을 잡고 오는데 역시 따끈따끈하다. 간식과 약을 먹였다.

"아! 할아버지, 쌍안경 사러가기로 했잖아, 지금 가자."고 한다.

처음으로 한 약속이기에 실망시키지 않게 하려고 데리고 나갔다. 할아버지 차를 타면 멀미가 나니까 지하철을 타고 가잔다. 한 역을 지나면 큰 마트가 있다. 학용품, 등산용품, 시계와 전자제품을 파는 곳을 다 다녀 봐도 보이지 않는다.

"선영아, 여기 마트에는 없는데…… 어쩌지……"

"할 수 없지 뭐, 다른 데 가 보자!"고 한다. 너무 어른스럽다. 다시 지하철을 타고 시내 중심에 있는 이름 있는 큰 문구점과 백화점에 가서도 여러 층을 찾아다녔지만 없다.

언젠가 산행에서 돌아오다가 고속도로 휴게소에서 본 듯하다. 그리고 지하상가에서 본 기억도 나서 그곳으로 발걸음을 옮겼다. 많이 걸었는데도 다리가 아프다고 칭얼대지 아니한다. 무척 갖고 싶었나 보다. 한 상점 앞을 지나다가 진열대 안에 쌍안경이 눈에 띈다.

"할아버지, 여기 있어!"하면서 손으로 가리킨다. 예쁘고 작은 것을 골랐다. 쌍안경을 목에 걸고는 집으로 가잔다. 하얀 얼굴이 볼그스레하다. 집에 와서는 베란다에 나가서 이리저리 뛰어다니며 '크게 보인다.'고 소리치며 야단이다. 한참을 놀더니 '목말라.'한다. 무얼 먹을까 하고 물으니 '할아버지 맘대로.'한다. 이 말은 물 말고 다른 음료수를 달라는 얘기이다. 어린애이지만 생각도 있고 체면도 있어 보인다.

어떨 때에는 채널로 실랑이를 벌이기도 하지만 그게 다 재미이다. 어린이 방송을 보고 있어서 “뉴스를 보면 안 될까?” 하니 “안 돼.” 한다. “왜 할아버지 마음대로 하는데……” 그러면 ‘가위 바위 보’를 해서 “이기는 사람 마음대로” 하잔다. 아직까지는 그 내는 순서를 알고 있다. 어느 때나 가위 다음에 바위, 마지막에 보를 낸다. 그래도 내가 진다. “당연하지.”라고 말하며 으쓱댄다. 그까짓 뉴스를 보아도 시원한 구석이 없으니 잘 되었다는 생각을 한다.

지난해에는 겨우 제 이름을 쓸 정도였었다. 잠들 때마다 쉬운 동화책을 읽어주었는데 금년에는 방에 들어가 혼자 책장을 넘기는 모습을 자주 본다. 가끔 차를 타고 가면서 간판을 읽기도 한다. 어느 날, “할아버지, 동화책 읽어줄까” 한다, “그래” 했더니 제법 잘 읽는다. 언제 글씨를 배울까 싶더니….

이제 유치원 버스가 도착할 시간이다. ‘늘 튼튼하고 잘 놀고 예쁘게’ 자라기를 바라는 작은 소망은 변함이 없다. 오늘도 맏손녀와 동화책을 읽으며 ‘가위 바위 보’ 놀이를 하면서 재미있게 놀아야겠다.

잘 놉니다 · 5
— 그 어느 날

선영이는 유치원 5세반에 다니고 있다. 며칠 전부터 제 방에 침대와 책상, 그리고 옷장을 들여온다며 자랑을 한다. 이제부터는 내 책상에서 공부하고 내 침대에서 혼자 잘 거라고 한다. 작년에 입었던 원복이 작아서 새로 장만하였으니 소리 없이 많이 자랐다. 토요일 오후에 초록색과 흰색으로 예쁘게 꾸민 새 가구가 들어왔다. 가구 배치를 하고 옷가지와 동화책을 정리하는 중에도 이방 저방을 뛰어다니며 좋아한다. 그런데 어쩐 일인지 새로 들인 의자나 침대에 잠시만 앉아 있어도 심한 기침을 한다. 감기인가 했더니 그게 아니다. 새 가구 증후군(?)인가 보다. 애기가 쓰는 가구여서 시간을 두고 일찍이 주문했는데도 말이다. 제 방에서 꿈꾸던 일이 적지 않으니 한 일주일쯤 창문을 열고 칠을 말리고 환기를 시켜야겠다.

오늘 아침에는 유치원에 갈 시간인데도 “더 자고 싶다”고 징징거린다. 할미는 ‘무슨 소리야.’ 하며 가방을 메어 유치원 버스에 태워 보냈다. 등원한지 한 시간쯤 지나서 선생님에게서 전화가 왔다. 선영이가 열이 39도까지 올라서 해열제를 조금 먹였단다. 하던 일을 덮어두고 차를 끌고 유치원으로 향했다. 마음이 급해지니 빨간 신호등이 자꾸만 가는 길을 막아선다. 혹시 뭘 잘못하여 병이 난 것은 아닐까?

토성반이 3층이어서 계단을 뛰어 올라 갔더니 숨이 찬다. 복도에서 기다리고 있었나 보다. 하얀 얼굴이 빨갛게 상기되어 있고 눈은 퀭하니 아픈 기색이 역력하다. 할애비를 보더니 생긋 웃으면서 안긴다. 몸이 불덩이 같다. 차에 태우고 병원으로 갔다. ‘몸살’ 같은 것이라니 그래도 다행이다. 처방전을 받아들고 나오는데 “할아버지 잠간만…”한다. 병원 한편에 미끄럼틀이 있다. 그게 타고 싶은 모양이다. 손가락 한 개를 펴 보인다. 그리고는 미끄럼을 한 번 타고나서 손가락 한 개를 더 내민다. 한 번을 더 타고는 이제 가잔다. 아픈 건 뒷전이다.

차 안에서 ‘문제’를 낸다. 틀리면 벌칙이 있단다. “할아버지!, 냉장고에 토끼를 넣어 봐”한다. 토끼가 살아 있을 테니까 “그림을 그려서 넣으면 되겠다.” 했더니 ‘땡’ 한다. “냉장고 문을 열고, 토끼를 넣고, 냉장고 문을 닫으면 되잖아”한다. 아 참, 그렇구나!

두 번째 문제다. “할아버지!, 냉장고에 코끼리를 넣어 봐”한다.

또 무슨 함정이 있겠지. 코끼리는 살아있고, 크고, 무겁고… 한참을 머뭇거렸더니 "할아버지, 시간초과, 땡"한다. 할아버지가 졌으니 아파트놀이터에서 미끄럼 한번 타고, 그네 두 번 타고, 시소 세 번 타고 놀다가 가야 한단다. 벌칙이니 할 수 없는 일이긴 하지만 아파하지 않아서 큰 다행이다."할아버지! 냉장고 문을 열고, 토끼를 꺼내놓고, 코끼리를 넣고, 문을 닫으면 되잖아"한다. 허 허 참, 그렇긴 하다. 아마 따라했어도 토끼 생각은 못했을 것 같다. 문제를 단순하게 생각하면 그렇게 쉬운데…. 사람들은 무슨 일에나 복잡하게 생각하니 더 어렵게만 되는 게 아닐까?

"할아버지, 우리 가족 중에 누가 1등인지 알아…"그러면서 거침없이 말한다. "1등은 할아버지. 2등은 할머니, 3등은 할머니 아들, 4등은 외할머니 딸"이란다. 그 말솜씨에 재치가 넘친다. 그 이유는 분명하다. 할애비는 하루 종일 혼자 노는 게 안쓰러워 무엇이든 다 들어준다. 그러나 에미는 "그건 해로워 안 돼."하고 거절하기 일쑤다. 피아노 공부를 마칠 시간에 데리러 가면 앞서 동네마트로 달려가 "목말라." 하면서 음료수를 들고 계산대 앞에 서 있다. 할아버지가 계산을 하라는 뜻이다. 그 솔직함이 넘치는 매력이다.

아침에 등원할 때 손을 잡고가면 유치원 버스를 타기 전에 반드시 새끼손가락을 걸고 엄지손가락 도장을 찍고 손바닥에 사인을 하잔다. 그것은 하원할 때 반드시 할아버지가 마중 나오라는 약속이다. 어떤 때는 멀리 출타했다가도 그 약속 때문에 일찍 돌아오기도 한다. 할애비가 꼭 지켜야하는 가장 중요한 약속이다.

선영아! 빨리 나아라. 그래서 동화책도 읽고 놀이터에도 가자.

잘 놉니다 · 6

— 천 원의 소망

선영이는 유치원 5세반에 다닌다.

"할아버지! 오늘은 우리 집에서 자고 가면 안 돼?"

"어쩌나, 하던 일을 그대로 두고 와서, 할아버지 집에 가 봐야 하는데……"

선영이는 눈물을 글썽이며 할미의 치맛자락에 얼굴을 묻는다.

"선영아, 집에 가서 하던 일을 끝내고 월요일 아침에 일찍 올게."하며 새끼손가락을 걸고는 천 원을 손에 쥐어주고 구슬러 본다.

선영이는 아직 돈의 위력을 모른다. 돈을 얻으면 잠깐 가지고 있다가 아무 데나 던져 놓는다. 그저 이름이 돈일 뿐이다. 조그만 장난감 인형보다도 푸대접이다. 지금까지 제 손으로 물건을 산 것은 유치원 현장학습으로 시장 구경을 가서 천 원으로 송편 대여섯 개를 사온 경험밖에는 없다.

현관을 나서려는데 "할아버지! 잠깐만" 하면서 손에 든 천 원을 접어서 뒷주머니에 꽂아 넣어준다. 같이 놀아주길 바랐는데 서운해서 그럴 거라 생각하며 현관문을 나섰다. 차를 타고 가면서 혼자 놀고 있을 걸 생각하니 마음이 편치 않다.

천 원! 지금의 물가로는 별로 살 게 없다. 그러나 때에 따라서는 큰 돈이기도 하다.

며칠 전, 정류소에서 버스를 기다렸다. 책가방은 메지 않았지만 고등학생쯤 되었을 게다. 머뭇거리더니 와서 "버스를 타려니 돈이 모자라서 400원만 주세요."한다. 그렇지, 백 원이 모자라도 안 되는데……. 말투가 거슬리기는 하지만 주머니에서 동전을 꺼내주었다. 학생은 꾸벅 인사를 하고는 자리를 떴다.

요즘 신문이나 방송에서 아프리카에서 활동하고 있는 선교사나 후원회에 대한 이야기를 자주 보고 듣는다. 오지 어린이들의 생활상을 보면 기아문제의 해결에 모두가 관심을 보이고 책임을 져야할 때가 아닌가 싶다.

"기아로 죽어가는 어린이들이 천 원으로 일주일은 살 수 있다고 한다. 또 어느 곳은 하루 한 끼를 먹는데 저녁은 먹고, 아침은 건너뛰고, 점심은 굶고……" 이 아니 비참한 현실이 아니랴.

'어느 나라에서는 초등학교 일 년 학비가 2,000원이고, 쓰레기

더미를 뒤지며 먹을 것을 찾는 어린이도 있고, 온종일 돌을 깨며 중노동을 하는 어린이들의 하루 품삯이 천 원이 안 된다니……'

그걸 보면 천 원은 큰 돈이다.

유치원에서도 방학 때마다 노란 저금통을 고사리 손에 들려 보낸다. 거기에는 '기아체험 24시간, 사랑의 동전 모으기'행사로 아프리카의 어린이를 돕자는 구호가 적혀 있다. 그날부터 동전이건 종이돈이건 저금통에 모아 가져간다. 며칠 뒤 어려운 이웃에게 도움을 주었다며 착한 어린이상을 받아온다. 굶주림이 어떻고, 아프리카가 어디 있고, 상이 어떤 것인지도 모르지만 누구의 말에도 잘 따른다.

그리고 선영이는 동화책을 잘 읽는다. 구연동화의 수준이다. 그리고 저녁에는 기도서를 들고 '부모를 위한 기도'를 바친다. 물론 할미의 영향이지만 '부모, 효성, 은총……', 그 뜻을 어찌 알랴. 그저 글자 소리내기에 급급하지만 그 염경기도를 들으면 얼마나 포근한지 모른다.

며칠 뒤 할미가 "왜 할아버지가 준 돈을 다시 드렸지?"하고 물었더니

"차비가 있어야 여기 올 수 있잖아. 그것도 몰랐어!"하더란다.

오늘은 월요일, 손가락을 걸고 약속한 날이다. 천 원의 소망을 담고 아침을 달린다. 벨을 누르면 현관으로 달려나올 맑고 환한 그 얼굴!

선영아! 오늘 하루도 재미있게 놀자.

잘 놉니다 · 7
— 생일날에

오늘은 선영이의 여섯 번째 생일이다.

태어나서부터 늘 함께 지냈으니 어쩌면 건강이나 버릇들을 제 부모보다도 더 잘 안다고 생각할 때도 있다. 가끔 갑작스레 밤에 열이 오르거나 기침을 할 때면 할애비가 병원에 데리고 가서 서툰 설명을 할 때가 더러 있다. 유치원에 갔다 집에 오면 늘 혼자 있는 게 안쓰러워 손녀가 하자는 것은 거의 다 들어준다. 손녀도 할애비와 할미가 무엇을 좋아하고 싫어하는 것들을 미리 짐작하고 있어서 성가시게 하지 않고, 할 일을 찾아서 하고 잘 논다.

선영이의 아침시간은 늘 바쁘다. 일찍이 애비와 에미가 출근을 하고 나면 뒷짐을 지고는 “할머니, 나는 손이 없거든……”

한다. 나는 가만히 있을 테니 먹이고 입히라는 뜻이다. 유치원 버스가 도착할 시간이 가까워지면 '버릇이 어쩌고……'하며 이것저것 따질 겨를이 없다. 빵을 굽고 잼을 발라 썰어 놓지만 보고만 있으니 먹일 수밖에 없다. 그리고는 원복을 입히고, 가방을 챙겨 버스를 태워 보내는 일이 전쟁이다. 애비와 에미는 배가 고프면 먹을 테니까 버릇이 된다고 혼자 먹도록 내버려 두라고 한다. 그러나 아침을 거르고 유치원을 보낸다는 생각은 할 수도 없다. 보릿고개를 살았기에 어떻게라도 먹여 보내야 마음을 놓는다.

어떨 때 연휴를 따로 보낸 뒤에 보면, 선입견인지는 몰라도 홀쭉해 진 것 같다. 할미는 "단 며칠 동안이라도 눈을 떼면 이렇게 굶긴다."고 나무라기도 한다.

애비와 에미의 퇴근 시간은 늘 늦다. 그때부터는 할 일이 많아진다. 유치원에서 내어준 과제도 해야 하고, 준비물도 챙겨야 한다. 가장 좋아하는 일은 게임도 하고, 놀아주는 일인데 할애비의 수준으로는 성이 차지 않는다. 퇴근시간이 가까워지면 전화를 걸어 "지금 어디쯤 오고 있어……"하고 묻기도 한다. 온종일 말은 하지 않아도 기다렸었나 보다.

어느 날은 영어숙제라면서 'water'를 읽어 보라고 한다. 그래서 '워터' 했더니 엉터리라면서 '워러'라고 가르치더니 다음부터는 동화읽기나 수학문제는 같이해도 영어만은 아무리 늦어도 에미가 와야 시작한다. 벌써 밀리고 점점 멀어짐을 느끼지만 그게 나이인데 어쩌랴.

오늘은 유치원에서 생일잔치가 있는 날이다. 에미는 며칠 전부터 생일준비에 여념이 없다. 같은 반 아이들을 위한 과자와 음료수 그리고 조그만 손수건 선물까지 챙겨서 보낸다. 참 좋은 세상이다. 우리 어릴 적 미역국 정도는 얻어먹었지만 생일잔치란 감히 엄두도 못 낼 처지가 아니었던가.

유치원 3세반에 입학했을 때 너무 어려서 다닐 수 있을까 하고 걱정을 했었다. 그런데도 개근상을 받아 올 정도로 잘 다녔다. 이제는 책 읽기나 일기도 잘 쓰고, 통학버스가 오면 어린 동생들을 앞세우고 먼저 태우는 언니 노릇을 하기도 한다. 어디를 같이 가도 걱정을 끼치지 않을 만큼 성큼 자라준 게 고마울 뿐이다.

유치원 하원시간이 되어 마중을 나갔다. 환하게 웃으며 버스에서 내린다. 생일잔치를 잘한 모양이다. 손에는 조그만 케이크 상자가 들려져 있다. 아마 유치원에서 축하파티를 하도록 집으로 보낸 것 같다. 상자를 열어보니 케이크는 있는데 초가 없다. 초도 구하고 과일도 살 겸 마트에 갔다. 빵집에 가서 사정을 이야기하고 초를 사려고 했더니 팔 수 없단다. 꼬마 초 몇 자루만 선물해도 인연이 될 텐데…… 아니면 어디에서 구할 수 있다고 가르쳐만 주어도 좋을 건데…… 싹 돌아서 버린다. 그렇다고 하여 초 때문에 케이크를 새로 살 수도 없고 좋아하는 과일만을 사왔다. 그리고 애비한테 초를 구해오라고 전화를 걸었다.

저녁에 생일상을 차리고 케이크에 촛불을 켜고 축하 노래를 불렀다. 에미는 생일 선물로 동물 모양으로 디자인한 모자와 손바닥 크기의 화이트보드를 사 왔다. 선영이는 상기된 얼굴로 환하게 웃으며 화이트보드에다 '감사해요, 행복해요.' 라고 썼다. 깜짝 놀랐다. 늘 어리다고만 생각했는데 '감사해요, 행복해요'라는 그 어려운 말이 어떻게 술술 흘러 나왔을까? 조촐하지만 축하의 자리를 마련한 게 참 잘한 일이었다. 케이크에 촛불을 켜고, 활짝 웃는 모습으로 글을 쓰는 모습이 너무도 잘 어울리는 한 폭의 그림을 보는 듯하다. 선영이의 말처럼 정말 행복하고 감사한 일이 아니랴.

봄이 되면 초등학교에 입학을 한다. 할애비나 할미의 생각엔 아직은 너무 어리다는 생각이 들기도 하고 혼탁한 세상이어서 걱정이 되기도 하지만 유치원에서도 잘 생활했으니 잘 적응하리라는 믿음을 가진다.

봄이 아름다운 꽃을 피우듯 초등학교에 입학해서도 꿈의 씨앗에 싹을 틔우고 무럭무럭 자라라. 그리고 건강하고 잘 놀아야 한다.

선영아, 파이팅!

잘 놉니다 · 8
— 어버이날에

선영이는 금년에 유치원을 졸업하고 초등학교에 입학하였다. 유치원 다닐 적에도 줄곧 유치원버스를 타고 다녔는데 차멀미 때문인지 버스타기를 싫어한다. 새로 입학한 초등학교도 집에서 1시간 가까이 타야 할 사정이니 통학의 어려움 때문에 학교에서 가까운 동네로 이사를 하였다. 그래도 20여 분은 학교버스를 타고 등하교를 해야 한다. 시간이 나서 같이 외출이라도 하려면 버스나 작은 차는 싫다 하고 지하철을 타고 가잔다. 그게 편한 모양이다. 그래서 이사를 하고 나서도 두어 달 가까이 할애비와 같이 지하철을 타고 다녔다. 지하철 안에서도 손녀와 할애비는 다음 역 이름 맞추기, 끝말잇기 놀이를 하면서 즐겁게 다녔다.

오늘 수요일은 학교에서 일찍 오는 날이다. 버스 도착시간에 맞춰 지정된 정류장 앞에서 기다리다가 무거운 책가방을 받아들고는 손을 잡고 간다. 집에 가면서도 오늘 학교에서 있었던 재미난 일들을 재잘거린다. 그게 퍽 좋은 모양이다. 손녀의 말로는 수요일은 천국이란다. 오늘은 방과후학교 수업도 없고 피아노 선생님도 오지 않아서 제 딴은 가장 부담이 없는 날인가 보다.

학교에서 돌아와서 옷을 갈아입고는 할 말이 있단다. 얘기를 하라고 했더니 백화점에 가잔다. 이유는 묻지 말고 가서 보면 알 거라고 한다. 그래서 집 앞 대형 할인점에 데리고 갔다.

"할아버지, 며칠 있으면 어버이날이잖아. 선생님이 그러시는데 그날 어머니와 아버지께 선물을 하는 거래. 또 그 선물은 자기가 저축한 돈으로 해야 된대. 그래서 백화점에 가자고 한 거야." 물론 선생님께 듣고 하는 말이지만 참 깜찍하다. 그래서 돈이 있는가를 물어 보았더니 지갑을 열어 보여준다. 만 원 지폐 서너 장과 오천 원권 한 장이 보였다.

"할아버지, 비싼 건 안 되겠고 무엇을 사면 좋을까?" 하고 묻는다.

매장에 있는 것들을 구경하고 값도 알아보았다. 한참을 생각하더니 엄마에게는 "가위를 선물하면 좋겠다."고 했다. "왜 그러냐?" 했더니 "선생님께서는 받을 분에게 필요한 것을 선물하면 좋다고 하셨는데 언젠가 엄마가 '가위'를 찾으시는데 못 찾았거든……"

"그래, 그런데 어버이날 선물로는 가위보다는 다른 것이 좋을 것 같은데……"

결국 선물용 양말 세트를 가지고 와서는 "할아버지, 절대로 말하지 말고 꼭꼭 숨겨 두었다가 어버이날 아침에 주세요."라고 하면서 손가락을 걸고 신신당부를 한다.

그날 저녁에는 애비와 에미가 일찍 와서 혼자 집으로 왔다. 밤 10시쯤 울먹이는 소리로 손녀에게서 전화가 왔다. 내일은 스승의날 행사로 유치원 선생님께 편지를 써야 한단다. 선생님의 말씀이 집에서 써오면 안 되고 학교에서 써야 하는데 통학버스로 가면 늦어서 할아버지가 일찍 학교에 좀 데려다 주면 좋겠단다. 그래, 그렇게 하겠다고 약속을 하고는 아침 일찍 학교에 데려다 주었다. 너무 일러 교실에는 아무도 없었다. 하교 때 "할아버지, 오늘 학교에 일찍 간 것 후회하지 않아. 그리고 참 재미있었거든……" 한다. 그 환한 웃음과 어리지만 자신이 할 일에 정성을 다하는 그 모습이 참 좋다.

며칠 뒤 버스에서 내리면서 가방을 열더니 내일 어버이날에 드릴 만든 꽃과 써 온 편지를 보여준다. 선생님의 말씀을 지상명령으로 받아들이는 그 모습이 너무 귀엽다.

할아버지 할머니 그리고 부모님께
할아버지 할머니, 저를 돌봐주셔서 고맙고,
할아버지는 제가 아플 때 늘 곁에서 지켜봐 주셔서 감사

하고,

할머니는 엄마가 없을 때 제게 밥을 해주셔서 감사합니다.

그리고 엄마는 저를 씻겨 주셔서 감사하고

아빠는 저와 잘 놀아주셔서 감사한데 한 가지 소원이 있습니다.

그것은 바로 조금만 일찍 일어났으면 좋겠습니다.

그럼 이제 그만 쓰겠습니다.

2008년 5월 7일

딸 선영 올림

이제 갓 초등학교에 입학한 딸에게서 양말세트와 감사의 편지를 받고 웃음이 넘칠 어버이날 아침을 떠올린다.

잘 놉니다 · 9
— 감사의 기도

이른 아침, 어둠이 가시고 창문이 훤히 밝아온다. 전화벨이 울린다.

"이 이른 아침에 누가…… 무슨 일이 있는 걸까?" 수화기를 들고 "여보세요."하고 불렀더니 아무 대답이 없다. 잘못 걸린 전화거니 하고 끊으려고 하는데 "할아버지!"하고 부른다. 맏손녀 선영이의 목소리다. "선영아, 왜?" 했더니 울먹이는 목소리로 "할아버지, 스쿨버스……"한다. 이 말은 "이따가 하교시간에 맞추어 할아버지가 마중을 나오세요."라는 뜻이다. 이제 갓 초등학교에 입학한 손녀에게 마음고생을 시키는 것 같아 안쓰러운 생각이 든다. "그래. 꼭 나갈게. 걱정하지 마."하고 전화를 끊었다. 어제는 애비와 에미가 일찍 퇴근을 해서 밀린 일을 정리하려고 집으로 왔다.

아침에 일어나 보니 할애비와 할미가 곁에 없으니 하교 때 마중 나오지 않을까 봐 걱정이 되어 거실에 나와 전화를 걸었나 보다. 전화번호를 어떻게 기억하고 있었을까?

아빠는 일찍 출근을 하고, 등교할 때는 버스 타는 데까지 에미가 데려다주고 출근을 한다. 정류장이 5분 거리이지만 또래의 친구들이 여럿이 있어서 버스 타는 데 1번 차례에 서려고 20여 분 전에 집에서 나간다. 요즘 일교차가 커 아침에는 쌀쌀한 날이 많아 10여 분 남겨두고 나가라고 달래보지만 쉽지 않다. 버스에서 내릴 때에 보면 늘 누가 마중을 나와 있는지를 살핀다. 어쩌다 조금이라도 늦는 날이면 뒤에 쳐져서 타박거리며 온다. 어찌 그 기대를 저버릴 수 있으랴.

어린이날, 선생님께서 편지를 주셨다. "선영이가 아주 밝게 자랐다고, 할아버지 할머니가 잘 길러주셨다고……" 그리고 '미소가 넘치는 어린이상'을 받아왔다.

'서로 도와 함께 배우는 동안에 네가 주는 많은 미소는 우리들의 마음을 따뜻하게 해 주었단다. 우리 모두에게 기쁨이 넘치는 생활을 할 수 있게 한 너의 모습을 자랑스럽게 여기기에 칭찬해 주고 싶구나.' 잔잔한 웃음이 번진다. 밝은 미소를 타고나서 감사한 일이다.

학교에 갔다 와서 학원에 갈 때도 손가락을 건다. 학원버스가 도착하면 역시 할아버지가 마중을 나와야 한다는 약속이다. 버스에서 내리면 무거운 가방을 받아들고 손을 잡고 온다. 오다가는 아파트 앞 슈퍼로 가잔다. 욕심을 낼 법도 하지만 손바닥만 한 과자 한 봉지나 얼음과자 한 개를 들고 계산대로 간다. 먹고 싶다는 얘기다. 그렇게라도 스스럼없이 대해 주어서 얼마나 다행인지 모른다.

어느 날 거실에서 TV를 보고 있는데 손을 잡아끌며 그냥 와 보란다. 숙제를 하는데 답이 맞는지 보고 있으란다. 두 자릿수의 덧셈 뺄셈을 수월하게 해낸다. 벌써 이만큼 컸구나! 자라는 모습이 눈에 보인다. 어떤 때는 제 방으로 데리고 가 피아노 연습하는 걸 들으면서, 컴퓨터를 켜서 알림장을 보고 숙제가 무엇인지, 준비물이 무엇인지를 적어 놓으란다. 이건 틀림없이 비서수준의 일감이다. 그리고는 과제 중에 색칠할 것이 있으면 색연필을 주면서 이건 할아버지의 숙제라고 한다. 이것도 오래지 않다. 몇 년 지나지 않아 제 일은 알아서 더 잘할 테고, 오히려 거추장스런 짐이 되지 않을까 걱정스럽다.

1학년인데도 하교시간이 일정하지 않다. 12시 반에서 오후 4시까지 매일 다르다. 수요일은 일찍 오는 날이어서 조금 일찍 나가서 기다린다. 깡충깡충 뛰면서 온다. 좋은 일이 있었나 보다. 덩달아 기분이 좋다. 시간을 내서 아파트 놀이터에라도 가서 같이 놀아주고 싶다.

수요일은 천국이란다. 학원도 안 가고 과외도 없으니 그렇게 좋은가 보다. 책도 읽고 피아노도 치고, 컴퓨터도 하고 TV도 보고 시간가는 줄 모른다.

벌써 할미의 저녁 기도시간인가 보다. 선영이는 '부모를 위한 기도'를 드리고 있다.

"……저에게 좋은 부모를 주시고
그분들을 통하여 제게 필요한 모든 것을
주셨으니 감사드립니다. ……
저의 부모에게 필요한 은혜가
무엇인지 아시는 하느님,
그분들의 필요를 넉넉히 채워주시고
그분들의 생애가 당신의 자비로 넘치게 하소서."

그 뜻을 어찌 헤아리랴마는 기도하는 그 모습이 너무도 아름답다. 에미가 동화책을 가지고 온다. 잠자리에 들 시간인가 보다. 에미가 읽어준 동화처럼 감사한 하루가 꿈에 잠긴다. 할애비의 기도처럼 늘 그 깊은 사랑을 느끼며 건강하게 자라거라.

제 V 부

마지막 빛깔

삶의 마지막에 이르러 행복하다거나 진한 사랑의 빛깔을 닮는 건 보통사람에게는 희망사항인지도 모른다. 그러나 적어도 단풍잎보다 더 아름다운 빛깔일 것을 소망한다. 지금 내가 선 자리에서 최선의 삶을 살 때 해넘이의 노을처럼 아름다운 빛깔을 품을 수 있으리라.

- 〈마지막 빛깔〉 중에서

나는 행복합니다

"나는 행복합니다. 여러분도 행복하세요."

교황 요한 바오로 2세 성하께서 임종에 이르면서 남기신 말씀이다.

지금은 이른 아침, 대부분의 사람들이 희망으로 하루를 여는 출근시간이다. 나는 산행을 위해 버스에 올라 욱수골 어귀로 가고 있다. 차창을 통해 버스를 기다리는 사람들에게 눈길을 주다가 문득 저 사람들에게 "당신은 행복합니까?"라고 물었을 때 "예, 아니오."중 어느 쪽이 더 많을까. 그리고 오랜 투병생활 끝에 임종을 눈앞에 둔 사람들은 어떤 반응을 할까 하고 저울질을 해본다.

'행복'이 어떤 것인지에 관해서는 여러 견해가 있을 것 같다. 밴담의 "개인생활의 목표는 행복이고 행복은 고통이 없는 개인적인 쾌락이다."라든지, 아리스토텔레스가 말한 "행복은 만물이 지향하는 최고의 선이자, 덕을 좇는 영혼의 탁월한 활동"이라는 정의를 음미해 볼 뿐이다. 단지 상식적인 생각으로 사람은 살아가면서 여러 가지 욕구를 가지는데 그러한 욕구가 채워진 상태를 말하는 게 아닌가 싶다. 인간이 그 정의를 어떻게 내리든 모든 사람들은 나름대로 '행복'을 추구한다는 사실은 분명하다.

"행복"이라는 말이 나오면 생각나는 일들이 있다.

어느 날 집 앞에서 친구를 만나 고추전과 막걸리 한 사발이 생각나서 동네시장에 가서 나무의자에 앉아 기다렸다. 그때 고물을 모으는 허름한 옷을 걸친 50대의 여인이 리어카를 끌면서 기쁜 표정으로 노래를 부르며 오고 있었다. 해거름인데도 아직 리어카를 반도 채우지 못했다. 자세히 들으니 그 노래는 찬송가였다. 그때, 어쨌든 '참 기쁘게 산다.'는 생각을 했다. 남에게는 하찮게 보일지 몰라도 이래 살아도 '즐겁고 기쁘다.'는 걸 외치고 다니는 것 같았다. 돈이 있고 권력을 가지고, 그리고 학식과 인품이 뛰어나다 한들 모두가 행복하지는 않다고 하더니……

언젠가 TV에서 병이 깊은 팔순의 할머니와 살고 있는 열다섯 살의 소녀가 "생활은 어려워도 할머니가 계셔서 행복하다."라고 하는 말을 들은 일이 있다. 소녀의 어머니는 지독한 가난이 지겨워 떠나버리고, 할머니도 그저 누워서 손녀의 뒷바라지를 받아야하는데도 말이다. 그런데도 "할머니가 계셔서……"참으로 그 마음씨가 아름답게 보였다. 이 고난의 시절이 끝나면 틀림없이 이 소녀에게도 도우심이 있어 바라던 '행복'이 찾아와 주리라는 믿음이 가슴을 가득 채웠다.

또 쉘 실버스타인의 ≪아낌없이 주는 나무≫를 생각한다. '나무 한 그루가 한 소년을 사랑하고, 그 소년도 그 나무를 사랑하는데…… 나무는 늘 행복하였다. 소년이 나이가 들고, 돈이 필요하게 되었다. 나무는 소년이 필요한 것을 마련해 주려고 여러 차례 자기의 모든 걸 다 주고 그루터기만 남게 되었다. 나무는 이제 늙은 몸으로 돌아온 소년을 마지막 남은 그 그루터기에서 쉬게 하고…… 그래도 나무는 행복하였다.'

'행복'은 빈부를 넘어 종이를 줍더라도, 곁에 할머니만 계셔도, 가진 것을 모두 다 주어도 찾아와 주는가 보다.

모든 사람들의 죽음은 큰 슬픔과 아픔을 남기는 것이 일반적이다. 오랫동안 병고에 시달리고, 더구나 죽음 앞에서 '행복'하다고 말할 수 있다는 건 매우 드문 일이 아니랴. 사람들은 성하께서 마지막 숨을 고를 때까지, 지난 몇 달간 굽어진 어깨와 가늘고 떨리는 목소리, 흰색 제의 밑으로 흔들리는 교황의 손목에서 나약한 인간보다는 고귀한 영혼, 초인적인 의지를 볼 수 있었다고 한다. 그리고 서거하시기 전날 성 베드로 광장에 운집한 5만 명의 젊은이들의 기도와 성가가 들려오자 손짓과 목청을 짜내어 "자네들을 기다렸어. 와 주어서 고맙네."라고 말씀하시고, 토요일 저녁 10만이 넘는 인파의 로사리오기도 중에 "우리 어버이께서 아버지의 집으로 돌아가셨습니다."라고 서거 소식을 전했을 때 침묵이 흐르고, 시편129편의 연도가 선창되고 그 끝맺음에 "그리스도는 부활하셨나이다. 알렐루야." 온 광장이 박수로 뒤덮였다 하니 그 많은 사람이 슬픔과 환호로 임종을 지켜보는 일도 유례를 찾기 어려우리라.

3시간 동안 장례미사의 중계를 보며 그 자체가 하나의 기적이라는 생각이 든다.

바티칸을 중심으로 200여 명의 세계의 정상급 지도자들과 고위 성직자들, 타종교 지도자들을 포함한 400여만 명의 추모 인파가 로마 시내를 가득 메운 채 열린 장례미사는 라디오와 TV를 통해 온 세계에 생중계되었다. 무엇 때문에 요한 바오로 2세 교황님의 서거에 세계가 이처럼 관심을 보이는 것일까?

가톨릭교회의 수장으로서 4반세기가 넘게 교황으로 재위하셨기 때문일까?

지구 위에 130여 나라를 사목 방문하여 평화와 화해의 메시지를 전했기 때문일까?

과거 가톨릭교회의 잘못을 용감하게 인정하고 용서를 구한 정직한 겸손 때문일까?

동구권 공산주의 해체, 동서독의 통일, 평화적 냉전 종식의 구심적 역할 때문일까?

유다교, 이슬람교, 루터교, 동방교회들과의 화해와 일치의 노력 때문일까?

이런 일들은 하나같이 단순한 일은 아니다. 세계 언론들의 교황님에 대한 프로필을 본다.

교황 중의 교황, 베르린 장벽 붕괴와 공산주의를 패망으로 이끈 주역, 죽음을 대하는 법을 가르쳐 준 위대한 스승, 인류의 가슴에 화해 · 용서를 새긴 사도 등으로 추모하였다.

어떤 언론은 인간적인 매력을 크게 꼽았다. 총을 쏜 형제를 위하여 기도하는 관용의 지도자, 시인(극작가), 스키와 등산, 카누를 즐긴 멋쟁이, 4권의 단행본을 비롯해 500여 편의 수필과 논문을 쓴 공부하는 학자, 언어의 귀재, 그리고 진솔한 분임을 드러내 주었다.

어쩌면 완전한 비움이 있었기 때문인지도 모른다. 그러기에 '어린이'처럼 몸과 마음 모두를 하느님께 맡기고 그 뜻에 따랐기에 성인처럼 살지 않았을까?

인류의 영광을 위하여 세상에 사랑과 평화, 화해와 용서의 메시지를 심고, 마지막 아버지의 집으로 가셨기에 세상 사람들이 눈물과 환호로 배웅한 것이리라.

"나는 행복합니다. 여러분도 행복하세요." 이 말씀이 긴 여운을 남긴다.

사랑은 사람의 마음을 변화시키고 평화를 가지고 온다고 하였다. 사랑이 최고의 가치임을 실천해 보이신 위대한 스승을 생각하는 것만으로도 "행복합니다. 정녕 그러합니다."

행복하다는 생각은 사람마다 더 큰 행복을 조금씩 불러오는 것 같다.

요한 바오로 2세 교황님! 하느님 나라에서 영원한 안식을 누리소서.

너희와 그리고 너무나 인간적인

김수환 추기경님께서 선종하여 하늘나라에 오르셨다. 선종 소식을 듣고는 아무 생각도 나지 않았고 멍하니 한참을 그 자리에 서 있었다. 추모 기간에 추기경님을 위한 주교좌 계산성당에서의 연도와 추모미사 참례 외에는 아무 일도 손에 잡히지 않아서 늘 평화방송에 눈을 두고 있었다.

'그 사람에 대한 평가는 관의 뚜껑을 덮고 나서야 알 수 있다.'는 말이 있다. 이제는 '아하, 그렇구나!' 하고 그 말의 뜻을 이해할 수 있을 것 같다. 신앙을 갖고 있으면서도 아주 큰 행사에서나 먼발치에서 뵙고, 아니면 가끔 TV나 그분에 대한 글을 읽고 '사랑과 나눔으로 사시는 따뜻한 분이시구나!' 하는 생각은 가지고 있었다.

추모 기간 중 신문이나 TV의 뉴스에서 추모객들이 만들어낸 행렬은 매일 3~4km에 달했고, 그 추운 날씨에도 불구하고 평균 3시간을 넘게 기다려 성당 안에서도 줄을 서서 불과 몇 초의 조문을 하려고 나흘간 40만 명이 다녀갔다고 했다. 더구나 종교를 뛰어넘어서, 남녀노소나 시간과 지역을 가리지 않은 조문이었으니 가히 기적이 아닌가 한다. 그렇게 긴 시간을 기다리면서도 새치기도, 실랑이도, 다툼도 없었고, 나이 드신 어르신과 몸이 불편한 사람들은 부축해 주고 양보하는 미덕까지 보여 주었다니 얼마나 미쁜가.

이 역사적인 평화와 일치의 조문행렬을 보는 것만으로도 오랜만에 행복을 느낀다. 더구나 이 격동의 시대를 살아오시면서 가난한 이나 소외된 이와 함께한 일이나, 민주화 운동이나, 서슬 퍼런 절대 권력자들에게 충언한 일들은 널리 알려져 있으니 부언이 필요치 않다. 지극히 인간적인 몇 가지 일화가 다시 가슴에 머문다.

사실 김 추기경님의 사목표어인 '너희와 모든 이를 위하여'도 선종 후 알게 되었다. 일생의 삶을 보면서 정말 모든 이를 위한 말과 행동이 일치하셨던 분이심에 고개가 숙여졌다. 우리 같은 범인이 그 삶의 흉내를 낸다는 건 꿈도 꿀 수 없는 일이지만 평소에 그 넉넉하신 웃음만큼 온기가 흐른다.

〈'바보야' 라고 적은 자화상을 보면서〉

보통 사람들은 바보라는 말을 듣기 싫어한다. 진짜 바보라도 그렇게 부른다면 이유를 달아 얼굴을 붉히며 화를 내지 않을까 싶다. “인간이 잘났으면 얼마나 잘났고, 알면 얼마나 알겠습니까? 어디를 가든 대접받기 바라는 게 바로 바보지요. 그리 보면 내가 가장 바보같이 산 것 같아요.” 라는 말씀은 보통 사람은 할 수도 없고 가장 낮춘 자세에서 겸손을 가르친 말씀이리라.

〈어느 날 유치원 교사가 아기와 자신의 생명 중 택일해야 한다는 쪽지를 받고서〉

“미사를 봉헌하면서 두 생명 모두 구해 달라고 한참 기도했습니다. 그리고 ‘하느님, 그 자매님과는 일면식도 없는 사이이지만 제 체면을 봐서라도 꼭 들어 주십시오. 사람들은 추기경이 기도해 주면 뭔가 다를 거라고 믿습니다.’ 라며 떼를 썼습니다.” 그 순수하고 단순함이 웃음을 번지게 한다. 모든 걱정을 안고 있는 혜화동의 인자한 할아버지이다.

〈감사와 용서를 빌며〉

“나는 평생 동안 과분하게 많은 사랑을 받았습니다. 그리고 나를 위해 기도한 모든 이들에게 감사드립니다. 나도 모르게 누군가의 마음을 상하게 한 일이 있다면 용서해 주십시오.” 사랑으로 살고, 정직하였고, 이웃과 더불어 사는 삶이 아름답다고 하며 성자처럼 사신 분이신데, 추기경님이 그러시다면 우리 같은 죄 많은 사람이야 어찌 고개를 들 수 있으랴. 죄 없는 분은 용서를 빌고, 죄 많은 사람은 부끄러움을 모르고 살고 있으니 이를 어쩌랴. 허허 하고 웃을 수밖에 없다.

〈각막 그리고 사랑의 힘〉

추기경님은 마지막 순간까지 세상을 향해 인간에 대한 사랑과 그리스도의 평화와 화해를 외치셨다. 그 사랑의 실천은 돌아가신 후 자신의 안구를 기증하여 어둠 속에 헤매던 두 사람에게 빛을 전했다. 조문 행렬에 맹인도 섞여 있었다. 그 이야기를 듣고 감사드리고 싶다고 하였다. 이제 그 사랑의 바이러스가 급속히 퍼져 나가고 있다고 한다. 이 사랑이 이 조문 행렬을 닮았으면 하는 바람이다.

〈87년 6월 민주화 과정에서〉

학생들을 체포하려던 권력자들에게 "여기에(명동성당) 공권력이 투입되면 맨 앞에 당신들이 만날 사람은 나다. 내 뒤에 신부들이 있고 그 뒤에 수녀들이 있을 것이다. 그래서 당신들은 나를 밟고, 우리 신부들도 밟고, 수녀들도 밟고 넘어서야 학생들을 만날 수 있다." 참으로 무서운 이야기다. 목자는 말해서 안 되는 것을 말하는 일이 없고 또 말해 주어야 할 것을 침묵하는 일이 없어야 한다고 성 그레고리오의 사목규범에 있다고는 하지만 누구나 할 수 있는 일은 아니다.

그때 어느 보도에 "큰 별이 졌다."고 하였다. 문득 "큰 별이 더 높은 하늘나라로 오르셨다." 는 말이 떠올랐다. 그 많은 사람이 조문한 빈소에는 그 흔한 조화 하나 보이지 않았다. 가난하고 소외된 이들의 빛으로 살다가 하늘나라에 오르신 성자의 삼나무의 관에는 한 송이의 꽃도 장식하지 않았고 천으로 감싸지도 않았다. 이런 어르신과 한 세대를 살았다는 게 크나큰 축복이었다.

이웃을 위하여 사랑과 나눔으로 산 거룩한 죽음이 어떤 것인가를 보여 주셨다. 앞으로 우리는 어떤 죽음 앞에서 이렇게 긴 조문 행렬을 볼 수 있을까?

지금 이 어려움 속에서도 열린 음악회에서 기쁨과 희망을 주는 '애모'와 '등대지기'를 불러 걱정을 잠재우고 환한 웃음을 짓게 하는 참으로 인간적인 어른을 볼 수 있을까?

김수환 스테파노 추기경님, 고맙습니다. 그리고 하느님의 자비하심으로 평화의 안식을 누리소서.

청각장애 사제의 첫 미사

첫 청각장애인 사제의 탄생!

세계적으로도 14명뿐이고, 아시아에서는 단 한 명도 없는 청각장애인 사제가 한국에서 탄생하였다. 청각장애인들에게는 희망을 주는 일이며 감격적인 일이 아닐 수 없다. 보도를 보면서 장애인이 겪은 고통의 만분의 일도 미치지 못하겠지만 그 어려움을 엉성하게나마 넘겨다본다.

박 베네딕도 신부님은

- 두 살 때 약물 부작용으로 소리를 잃었다고 한다. 유 · 소년기를 듣지도, 말하지도 못하면서 어떻게 지냈을까?
- 장애를 가졌다는 이유로 고등학교 입학이 거부당했을 때의 좌절감을 어떻게 이겨냈을까?

- 유학의 길에 올랐을 때, 정상인도 언어의 장벽을 넘지 못해 포기하는 경우가 있다는데 어떤 노력을 기울였을까? 누가 사랑의 손을 잡아주었을까?
- 미국 성 요셉신학교에서 청각장애인 신학 과정 1년을 다니고 그 과정이 폐지되었을 때의 심경은 어떠했을까?
- 미국교회 첫 청각장애인 신부인 토마스 콜린 신부의 도움으로 성 요한대학원에서 신학석사 학위를 취득하기까지의 노력은 어떠했을까?
- 정상인이 다니는 신학대학에 입학하고 졸업하기까지의 모든 생활은 어떻게 적응하였을까?
- 부제품, 사제수품에 이르기까지 지켜야 할 까다로운 생활규칙들. 학업 및 영성생활 등에서 어떤 수련을 쌓아 어려움을 딛고 일어설 수 있었을까?
- 육신이 건강한 사람도 사제가 되는 길이 험난한 가시밭길이라던데 더구나 청각장애인이 사제가 되는 길은 얼마나 험난하였을까?

며칠 전에 청각장애 새 신부님이 금요일 10시에 본당에서 첫 미사를 봉헌한다는 안내가 있었다. 우리도 수화미사를 참례하고 그 고통을 영광으로 빛낸 영성의 향기를 맡을 수 있으리라. 현재 청각장애인 선교단체에 등록된 신자는 약 3,000여 명이라고 한다. 박 신부님은 수품 후 번동성당에서의 첫 미사에서 "그 고통을 가진 형제자매들의 영적인 빛이 되리라."라는 인사말씀을 하셨다고 한다.

"사제가 되는 길은 뜨거운 햇살을 맞으며 사막을 걷는 것처럼 고달프고 힘들었습니다. 스스로의 힘으로 사제가 되는 것이 불가능한 것임도 깨달았습니다. ……사제가 되기 전 마음처럼 언제나 예수 그리스도의 마음에 드는 겸손한 사제가 되도록 여러분의 기도를 부탁드립니다." 거센 파도가 휩쓸고 지나간 뒤의 평온하고 잔잔한 바다가 아닌가.

시작예식으로 성가 '사제의 마음'의 합창 속에 세 신부님이 입장을 하였다. 본당 신부님은 청각장애인 새 사제 박민서 베네딕도 신부님과 같은 날 서품을 받고, 수화를 번역해 줄 이 다니엘 신부님을 소개하였다. 제단에서 수화로 인사가 있었다. 20여 년의 소망이 이루어진 환희, 그 고통을 이겨낸 의지의 모습이 새겨진다. 고통을 참아낸 영광의 열매다.

수화로 한 강론이 폐부를 찌른다.

"거룩한 제단에서 함께 미사를 봉헌하며 찬미와 감사를 드리게 되어 감격스럽습니다. 하느님은 불가능을 가능케 해주시는 분이십니다. 아브라함과 사라는 자식이 없어서 고통을 당하였으나 하느님께 감사와 찬미를 드리고 하느님을 굳게 믿은 결과 승리의 월계관을 씌워 주셨습니다. '어려움을 당하더라도 실망하지 말라.'는 하느님의 말씀에 의지하여 사제성소를 포기하지 않고 그분께 맡겨드리고 기다릴 수 있었습니다. 하느님께서는 사제직의 거룩한 성소로 이끌어 주셨습니다."

인간은 장애의 유무에 관계없이 '인생의 목표'를 추구함에 있어서는 크게 다르지 않다. 더구나 누구를 믿고 신뢰한다는 것은 나약한 인간에 있어서는 자산이 되고 큰 힘이 된다. 그리고 성공한 사람은 넘어져도 다시 일어나는 사람이 아니던가.

박 베네딕도 신부님의 수품 성경구절이 걸어온 길과 닮았다고 느꼈다. "네 길을 주님께 맡기고, 그분을 신뢰하여라. 그분께서 몸소 해 주시리라.(시편 37,5) 그리고 사제는 제2의 그리스도로서 헐벗고, 십자가에 못 박히고, 먹히는 사람입니다."

사제로서의 생활, 특히 청각장애인 사제로 살아가는 데는 기쁨보다 힘든 일이 더 많지 않을까? 어느 한 수녀님은 "예수님이 타고 가신 당나귀처럼 예수님의 사랑과 영원한 생명을 증거하고 언제나 예수 그리스도의 마음에 드는 겸손한 사제가 되라"고 격려의 말씀을 주셨다고 한다. 앞으로 사제의 길에서 스스로 지닌 청각장애의 체험을 통해 진심으로, 그리고 가장 효과적으로 장애인들의 고통과 어려움, 그리고 그들이 지닌 고통의 거룩한 의미를 살피는 겸손한 사제로 머무르시길 기도드린다. 또 곁에서 어려움을 이기고 반쪽이 되어준 이다니엘 신부님께도 하느님의 은총이 풍성히 내리시길 기도드린다.

주님, 박 베네딕도 신부님의 가는 길에 빛을 주소서.

대축일과 애국가

오늘, 우리 역사에서 경사가 겹친 날이다. 이른 아침 산책을 끝내고 베란다에 태극기를 내걸었다. 바람에 펄럭이는 모습이 보기에 좋다.

일제 36년간의 억압에서 벗어난 광복 61주년, 대한민국 건국 58주년이기도 하다. 가톨릭교회에서는 이날을 성모승천대축일로 지낸다. 아주 뜻 깊고 환희에 찬 날이다.

이 시대를 살면서 일제의 압제를 겪은 사람들도 이제는 그리 많지 않다. 지금 환갑을 맞은 사람도 그때에는 젖먹이였으니까 말이다. 그러니 그때의 사정을 간접경험을 통해서 알 수밖에 없다. 상상을 해보자. 우리의 아들들은 학도병으로 징집되어 전쟁터에 나가서 죽고, 젊은이는 징용에 끌려가 강제노역에 시달리고, 앳된 누이는 종군 위안부로 끌려가 차마 입에도 담지 못할 고역을 겪었다……. 독립기념관에 가면 그때의 사정을 조금은 주워들을 수 있으리라. 만일 일제의 압제 하에서 그 어려운 삶을 살았다면, 아니 그 치욕을 당했다면 일본이 지금 벌이고 있는 행태들, 역사교과서 문제, 야스쿠니 신사참배 문제 등을 달갑게 보지 않으리라.

우리는 광복 후 벌써 환갑을 넘겼지만 남북분단의 비극은 지금까지도 이어지고, 이념과 빈부, 지역이기주의와 같은 갈등요소가 진정한 해방과 하나 됨을 멀게만 하고 있다.

일본의 그 식민지 지배에서 벗어날 무렵 초등학교 저학년이었으니 무엇을 알았으랴. 전쟁 막바지였으니까 학교에 가서는 어디에 쓰이는지도 모르고 솔방울을 줍고, 관솔을 따고, 집에 오면 농사지은 것은 공출로 다 빼앗겨 굶기도 하고, 배급받은 옥수수 가루로 끼니를 때운 적도 자주 있었다.

그 뒤 해방과 정부수립의 기쁨이 가시기도 전에 6 · 25의 비극이 터졌다. 나라를 잃은 슬픔이나 전쟁으로 인한 그 고통은 말로 설명이 되지 아니한다.

베란다의 창문을 연다. 150여 세대가 사는 뒷동네에 국기를 단 집이 20여 가구밖에 되지 아니한다. 1~2분만 할애하면 국기를 내걸 수 있을 텐데……. 그 원인이 어디에 있는지 참 아쉽다는 생각이 든다.

아침에 C신문에서 대한민국의 건국일을 물었더니 67%가 모른다는 대답이었단다. 그리고 다른 신문에서 '만일 전쟁이 나면……' 싸우러 나가겠다는 젊은이보다 다른 나라로 도망치겠다는 사람이 더 많다니…… 우리의 교육 현실을 생각하게 하는 대목이어서 참 씁쓰레하다.

대축일 미사에 갔다. 성당 전면에 대형 태극기가 걸려 있다. 참 의외의 환경이지만 뿌듯하다. 오늘이 광복절이고 또 정부수립기념일임을 다시 확인시켜 준다.

한국 가톨릭교회는 성모님을 수호성인으로 모시고 있다. 오늘 성모승천대축일은 성모마리아께서 지상에서 생활을 마치고 영혼과 육신이 함께 하늘로 올라갔음을 기념하는 대축일이다. 성모님은 믿음과 순종의 본보기로 교회의 어머니가 되셨고, 교회는 그 삶을 본받아 지상여정의 삶을 꾸리고 하느님 나라에 오르는 영원한 삶을 기다리며 기뻐한다. 성모마리아의 지상 삶의 외적인 모습은 우리와 별로 다르지 않다고 한다. 우리 어머니, 혹 누이와 이웃처럼 하느님의 말씀을 듣고 나누며 사신 한 여인이었다. 그러나 하늘에 올림을 받으신 영광에 드실 수 있었던 것은 스스로 비천한 여종이라 하며 하느님의 말씀에 자신을 맡긴 '겸손'에 있다고 한다. 우리는 그렇게 살 수 있을까.

"처녀가 잉태하여 아들을 낳으리니……"라고 하였을 때 "주님의 종이오니 그대로 이루어지소서."라고 말할 수 있을까? 율법에 따르면 돌에 맞아 죽을지도 모르는 상황임에도 그런 믿음을 가질 수가 있을까. 우리는 마리아께서 사신 삶이 오늘 우리의 삶이 되게 하고 마리아께서 입으신 오늘의 영광이 우리의 앞날이 된다는 희망으로 살아간다.

성모승천대축일을 맞아 이 '겸손'의 가르침을 종아리를 때려서라도 가르쳐야 할 곳이 있다. 36년이란 긴 세월 동안 갖은 못된 짓만 골라 한 그들이 자성의 빛을 보이기는커녕 독도문제, 역사교과서 문제, 야스쿠니 신사참배 문제, 일본군 위안부 문제 등 진심으로 사죄하고 행동으로 보여주어야 할 텐데…… 뻔뻔스럽기 한량이 없지 아니한가. 그 역사를 왜곡하여 거짓을 배운 아이들이 앞으로 정의의 역사 앞에서 어떻게 처신할 것인지 상상만 하여도 소름이 끼친다. 그 나라의 장래를 위하여 그들이 깊이 자성할 문제일 게다.

광복절을 맞아 평화통일을 기원하고 감옥에 갇힌 이와 전쟁의 피해자에게 위로를 주시도록 기도를 드린다. 그리고 영성체와 마침예식을 마치고 사회자가 파견성가 대신에 애국가를 4절까지 부르도록 안내를 한다. 그 순간 귀를 의심한다. 그리고 반주에 맞춰 애국가를 성당 안이 떠나가도록 그날의 환희를 가슴에 새긴다. 가슴이 새로운 감동으로 벅차오른다. 조금 전까지도 머리가 혼란스럽고 복잡하였다. 작통권이 어떻고, FTA가 어떻고, 대포동 미사일이 어떻고…… 모두 애국가 속으로 빨려들어가 버린다. 오늘 이 시간에 전국의 각 성당마다 미사에 참례한 수십만 명이 한목소리로 애국가를 소리 높여 부른 한마음의 기도가 하늘에 닿으리라.

"동해물과 백두산이 마르고 닳도록 하느님이 보우하사 우리나라 만세.……이 기상과 이 맘으로 충성을 다하여 괴로우나 즐거우나 나라사랑하세. 무궁화 삼천리……"

이 뜻 깊은 날, 해방절이고, 건국일이고, 성모승천대축일에 모두 한마음으로 새롭게 보내자. 그래야 우리가 바라는 평화통일을 앞당길 수 있으리라. 순종과 겸손을 사신 성모님과 태극기와 애국가가 한데 어울려 희망의 내일이 열린다.

평화의 모후이신 성모 마리아님, 흩어진 우리의 마음을 한데 모으고 우리나라를 보호하고 지켜주시며 이제와 저의 죽을 때에 저희를 위하여 빌어주소서.

축하합니다

'축하합니다.' 우리는 남의 경사에 기쁘고 즐겁다는 뜻으로 이 인사말을 쓴다. 이런 말을 주고받으면 서로가 기쁘고, 누구나 즐거워 밝은 표정을 짓는다.

축하! 이 한마디의 짧은 말은 분명 '사랑의 말' 곧 '살맛이 나는 말'이다. 세상 사람들은 대체로 격려하고 칭찬하기보다는 비평이나 험담을 즐겨하고, 마음과 영혼에 생기를 찾아주기보다는 비난이나 시기나 질투하는 말에 더 쾌감을 느끼지 않나 싶다. 듣기 좋은 말보다 듣기 싫어하는 말로 이웃들을 속상하게 하고 눈을 흘기게 만든다.

2005년 새해, 가톨릭신문 신년호를 받아들고 기사를 훑어보다가 멍청이처럼 하늘을 보고 서 있었다. 부산교구 이 가브리엘 주교님의 장례미사에서 동기사제 고별사의 그 첫마디가 '축하드립니다.'로 말문이 열려 있다. 주교좌성당에 마련한 빈소에는 3,000여 명의 조문객이 다녀갔다는 기사도 실려 있었다.

"이 가브리엘 주교님! 축하드립니다. 팔십 평생 그렇게도 원하고, 사랑하고, 보고 싶어하던 주님의 그 얼굴을 지금 뵈옵고 계시지요…… 사실은 어제 저녁 꿈에서 주교님 얼굴을 뵈었습니다. 하얀 제의에다 주교관을 쓰고 주님 품에 안겨 계셨는데 …… 주교님, 축하합니다. 부디 천상에서 평화의 안식을 누리소서!"

모든 사람에게 다 통용되는 말은 아닐지라도 성직자로서 늘 하느님 사랑 안에 살았고, 언제나 기쁨이 있는 주님 나라에 가셨으니 '축하한다.'는 말이 어울릴 것도 같다. 그러나 보통사람의 장례식장에 조문을 가서 "축하합니다. 라고 한다면 적지 않은 오해를 살 것은 분명하고 아마도 험한 소리를 들으며 식장을 쫓겨나게 될 게다. 축하받을 수 있는 죽음, 그것은 분명 슬픔이기보다는 오히려 희망이 더 크다.

흔하지는 않지만 보통사람으로 평상시와 같이 활동을 하고 가족과 함께 저녁을 먹고는 '이제 갈 시간이 되었나 보다.'하고 잠자리에 들면서 병자성사를 원하고, 가족들의 임종기도를 들으면서 하늘나라에 가신 분도 있었다. 죽음이 곧 삶의 연장선상에 있음을 실감 있게 보여주신 분이다. 육친을 떠나보내는 자식들의 슬픔이야 오죽하랴마는 편한 마음으로 가셨으니 마음을 모아 영원한 안식을 위한 기도를 드릴 수 있으리라.

어느 고승에 대한 일화도 떠오른다. 승복을 벗어던지고, 이름도 고쳐 부르고, 토굴에서 아이들을 가르치며 작별을 나눈다. “내일 가야겠다.” “어디로 가시는데요?” “바람 따라갈 뿐이란다.” 임종계를 짓고 일원상을 그린 후 붓을 던지고 오른쪽으로 비스듬히 누워서 입적하였단다. 기적 같은 죽음이다. 우리 같은 범부는 꿈도 꾸지 못할 일이지만 고승의 열반은 한낱 통과의례가 아니던가.

더러는 중환자실에서 4~5년을 식물인간으로 살아가는 경우를 보기도 한다. 의학적으로는 설명이 가능하지만 하나에서 열까지 남의 도움을 받아 생명을 유지한다. 가슴에 네댓 개의 약봉지가 매달려 있고, 음식물을 공급하는 호스가 연결되어 있으며 산소마스크도 끼워져 있으니…… 이 또한 인간생명에 대한 절대적 존엄성을 깨우쳐주기도 한다.

몇 해 전, 이 세상을 건너갈 때를 생각하여 남기는 글을 쓰면서 아이들에게 어떤 경우이든 인위적인 생명의 연장은 원하지 않는다는 뜻을 미리 전하기도 했다. 그때 찬성이나 반대하는 의견도 있었으나 한 통로로 가는 결론은 유보하였다.

안락한 삶을 영위할 수 없고 아무런 사회적 기여를 할 수 없는 생명도 인간 생명으로서 똑같은 가치와 권리를 가지고 있다 하더라도 자기의 의지에 상관없이 처방되고, 연장되어 그 고통에 시달리는 모습을 옆에서 지켜보기에는 너무나 애처로웠기 때문이리라. 그래서 사람들은 심한 고통이 없는 편안한 죽음, 아름답고 존엄한 죽음, 잠자는 것과 같은 평화로운 죽음을 원하기도 한다. 이러한 사실에 안락사를 찬성하는 부류와 반대하는 사람들 사이에 윤리적인 논쟁이 벌어지는지도 모른다.

겨울 날씨가 풀리는가 보다. 오후에는 쉬 피곤이 몰려와 늘어지게 한잠을 자고 일어났다. 잠결에서 긴 인생 여정을 돌아본다. 어찌 잘 잘못이 없으랴. 후회되는 일들이나 용서를 청해야 할 일들을 새기며 남은 시간만이라도 잘 살면 좋으리라.

어느 날, 내 부음을 받은 사람들이 "이 세상을 바보처럼 살다가…… 하늘나라로 갔구나."라고 덤덤히 죽음을 전하고, 애비의 죽음 앞에 선 자식들에게 "하느님을 믿고, 욕심 없이 살다가 하늘나라에 갔으니 축하합니다."라는 조문을 받으면 좋지 않을까. 아마 희망사항일지는 모르지만 '축하합니다.' 라는 그 말이 귓전에서 맴도는 건 어인 일일까.

거룩한 고요함 속에서

성 베네딕도 수녀원 영성관에서 '대 침묵 피정'에 참여하였다. 지금까지 여러 차례 피정을 다녀왔지만 침묵 피정은 새로운 경험이다. 본당의 전 신자들이 1회에 60명씩 10여 차례 나누어 실시하는 1박 2일의 피정은 사목자로서도 결코 쉽지 않은 결단임에는 틀림이 없다. 우리는 평소에 '기본에 충실한 신앙생활'을 하고 있으며 빛과 소금의 역할을 다하고 있는지 자신의 신앙을 깊이 성찰할 필요가 있을 것 같다.

성 베네딕도 수녀원 영성관에 도착하여 1인 1실 배정을 받았다. 책상 위에는 신부님께서 피정에 참여한 개개인에 보낸 카드가 있었다. '하느님의 사랑을 체험하고 가장 아름답고 복된 만남의 시간이 되길 기도드린다.'는 격려의 말씀을 담아 주셨다.

이 피정은 '거룩한 고요함' 속에서 내 안에 계신 주님을 만나는 시간을 갖는 것이다. 이 기간에는 어떠한 경우라도 '침묵' 하여야 하고 '기도나 미사' 의 시간을 지키고 묵상은 수녀원 내 어느 공간에서도 허용하였다. 규칙을 따르는 것은 어렵지 않으나 총 8 시간이 넘는 묵상 시간을 어떻게 보내느냐가 걱정이었다. 지금까지 한 가지 주제로 서너 시간 이상의 묵상은 특별히 훈련을 받은 일도 없고, 특히 이번에는 어떤 묵상거리가 주어진 것도 아니고, 그렇다고 구체적인 안내도 없이 각자의 능력대로 맡겨진 것이다.

첫 과제로 수녀원 성당에서 저녁기도와 끝기도에 참석하였다. 그 큰 성당 안에는 먼저 자리한 수녀님들과 피정 참여자들이 꽉 차 있는데도 지극히 고요하고, 그 찬미의 기도는 신비의 화음으로 들린다. 일 년에 한두 번 수도원 미사에 참례할 때마다 다른 세상에 온 것처럼 환희를 맛본다. 이렇게 마음을 다하고 정성을 다하는 기도는 즐겨 받으시리라.

침묵 속에서 식사를 하고 방으로 돌아온다. 방은 넓고 혼자다. 그리고 TV도 전화도 없다. 가끔은 단 하루라도 모든 구속에서 해방되는 자유로운 생활을 꿈꾸기도 하였다. 하루쯤 TV도 보지 않고, 전화가 없어도 살아갈 수 있음을 체험한다. 길거리에 나가 보면 대부분 휴대폰을 들고 다니고 끊임없이 통화한다. 잠시도 자유롭지 못하고 전화에 매여 있는 걸 보면 측은한 생각이 든다.

이 넓은 방안이 고요함으로 가득 채워진다. 지금 이 시간에는 피정에 참여한 사람들 모두가 자기 나름의 화두를 가지고 더러는 혼돈스럽고 더러는 깊은 묵상에 젖어 있으리라.

책상 위의 성경을 펴서 묵상의 도움을 청한다.

'성서 안에서 저희를 친절히 만나 주시는 아버지, 넘치는 성령의 빛으로 제 눈을 열어 주시어 당신의 빛을 보게 하시고, 제 귀를 열어 주시어 당신의 말씀을 듣게 하시며, 제 마음을 열어 주시어 당신의 생명을 받아 안게 해 주소서.'

그리고 요한복음을 편다. 생명의 빵과 영원한 생명의 말씀에 머무른다.

"나는 생명의 빵이다.(요한 6,48) 그리고 나는 하늘에서 내려온 살아 있는 빵이다. 누구든지 이 빵을 먹으면 영원히 살 것이다. 내가 줄 빵은 세상에 생명을 주는 나의 살이다.(요한 6,51)"

인간의 얕은 머리로 그 말씀을 이해하기란 참으로 쉽지 않다. 창밖으로 펼쳐진 정원과 병풍처럼 둘러선 산들과 나무들, 그리고 푸른 하늘을 보면서 창조의 신비를 느낀다. 그리고 김 추기경님의 명상록에 있던 이런 글을 떠올린다.

"만일 이 고요한 시간에 하느님께서 오시어 지금까지 내가 살아온 길을 영화처럼 보여 준다면 그 못난 삶을 보고 고개를 들 수 있을까?"라고 하셨다. 성인같이 사신 분이 그러할진대 속인이야 어찌 엉망인 삶을 보고 심판을 받을 죽음의 날에 두려움을 느끼지 않으랴. 그러나 한편으로는 하느님은 사랑이시고, 모든 걸 용서해 주신다고 하셨으니 그래도 한 가닥 희망을 건다.

늘 바른 삶에 대한 고민을 하기는 한다. 돈이나 권력이나 명예는 우리가 살아가는 데 분명히 어느 정도 필요한 건 사실이다. 그러나 그걸 최고의 가치로 여기고 거기에 매달려 살았던 많은 사람들은 결국 그것 때문에 망신을 당하지 않았는가? 그러면 어디에다 최고의 가치를 두어야 할 것인가?

벌써 해넘이에 가까이 와서 화려한 노을을 본다. 그리고 "어떻게 살다가 왔느냐?" 라고 물으면 대답할 말이라도 있어야 하지 않을까 싶다. 복음을 사는 일, 감사하는 일, 마음을 여는 일 등이 화두가 될 것 같다.

'어떻게 살아야 하는가?' 를 말없이 가르쳐 주시고 하늘에 오르셨다. 그분은 '너희와 모든 이'를 위하여 사셨다.

창 너머 수녀원 정원의 나무들을 보며 소박한 생각에 젖는다. 같은 소나무라도 사람들의 모습이 다른 것처럼 그 모양이 다르다. 그런데 잘 다듬어진 나무는 사람들에게 더 눈길을 받고, 제멋대로 자란 나무는 가지도 잘리고 볼품이 없다. 이 세상에서는 아무도 내 삶을 대신 살아 주지 않는다. 좀 힘이 들더라도 잘 다듬어지고 '아낌없이 주는 나무'처럼 살아가야 하리라.

그리고 모든 이가 '거룩한 고요함' 속에서 그분을 만나고, 생명의 말씀을 듣고 새 삶으로 다시 태어나기를 희망한다.

"어떻게 후회 없는 삶을 살아갈 것인가?"

마지막 빛깔

단풍이 설악에서 남쪽으로 내려오고 있다. 아파트의 베란다에서 내려다보이는 야산에도 소나무의 푸른 잎이 파란 바다 위에 불그레하고 노르스름한 물감들을 쏟아 부은 듯하다. 늦가을의 화려한 빛깔이다.

나무들은 한겨울에 벌거벗은 몸으로 추위를 견디며 죽은 듯이 있다가 따뜻한 기운이 땅 위를 스치면 가지 끝에서 노란 싹을 내민다. 그 여름 따가운 햇볕과 소나기를 맞으며 한결 그 푸름을 자랑하더니 가을에는 잎과 함께 열매도 붉게 물들어 그 마지막 빛깔로 사람들의 눈길을 사로잡는다. 이 단풍을 보며 미소짓는 마음들도 그 빛깔을 닮고 싶어할 게다.

어쩌면 내 인생의 마지막 빛깔도 그처럼 아름다웠으면 좋겠다. 아마도 이 세상에서 사라져버리는 인생의 마지막은 죽음이 아닌가 한다. 대부분의 사람들은 죽음이란 걸 강 건너 불구경하듯 하고 멀리 있는 것으로만 착각을 한다. 그러나 '죽음'이란 불청객은 언제 찾아와 고개를 숙이고 인사할지 모른다. 더구나 그건 사람의 뜻대로 조정할 수 있는 일도 아니고 마지막을 맞는 장소도 준비된 집이나 병원이 아닌 하늘이거나 땅이거나 물이거나 불이거나 가리지 아니한다. 더구나 아무도 죽음을 미리 맛보고 다시 죽은 자가 없으니 그 진실은 아무도 모른다.

죽음을 체험해 보는 프로그램이 있다. 아무런 고통도 없이 유언장을 작성하고 깜깜한 관 안에서 죽은 듯이 누워 있어 보지만 '사후는 이런 것이다.'하고 귀띔을 해주거나 보여주는 이가 없음은 물론이다. 그러나 거기에서 벗어나면 '언제 죽었더냐?' 하며 삶에는 별 변화가 없고 1회용이 되고 만다.

병원에서 호스피스 활동으로 임종을 돕다가 보면 환자는 마지막이라는 생각을 하지 않겠지만 "혹시 남기고 싶은 말이 없느냐."고 물으면 "좀 더 잘해 줄 걸……" 아니면 손을 꼭 잡거나, 회한에 찬 애잔한 모습을 보이기도 한다.

누구에게나 예상하지 않은 때에 죽음은 찾아온다. 그리고 그 절차는 간단하다. 시신이 수습되면 며칠 동안 빛이 들지 않는 냉동실에 갇혀 있다가 입관예절을 마치면 관 두껑이 덮이고, 산이나 화장장으로 간다. 관이나 유골함에 흙이 덮일 때쯤 사람들은 고인을 기리는 업적을 한두 마디씩 남기고는 장지를 떠난다.

그리고 하루 이틀이 지나면 사람들의 기억에서 점점 멀어지고 만다.

진홍색으로 불타는 단풍을 보며 뉴스를 듣는다. 어느 주택가 가스폭발 현장에서 곧 은퇴할 소방관이 건물 1층에서 쓰러진 부상자를 구하고 또 2층에 올라가 할머니를 구조했다. 그리고 미처 피하지 못한 사람이 더 있는지 마지막 수색을 벌이다 집 전체가 붕괴되면서 순직하였다. 최선을 다한 의로운 빛깔이 아닐까.

얼마 전 환희의 박수를 받은 죽음도 있었다.

성 베드로 광장에 모인 10여만이 넘는 인파가 교황 요한 바오로 Ⅱ세의 서거 소식을 전하자 잠시 침묵이 흐른 뒤 연도가 바쳐지고, 그 끝맺음 "알렐루야!"에는 온 광장이 박수와 환희로 뒤덮였다 하니 행복한 죽음이 아닌가?

막시밀리아노 마리아 콜베 성인의 일화도 떠오른다. 성인은 나치 비밀경찰에게 체포되어 '죽음의 수용소'인 아우슈비츠로 이송되어 강제 노동에 시달려야 했다. 얼마 후 한 죄수의 탈출사건으로 그 사람이 속한 감방의 10명이 아사감방에서 죽게 되어 있었다. 그때 콜베 성인은 한 죄수 대신 자신이 아사 감방으로 가게 되고 거기서 다른 수감자들을 격려하고 편안한 임종을 맞도록 도와주었을 뿐만 아니라, 여기에 수용된 모든 사람에게 절망과 두려움 속에서도 용기를 주었고 잔인한 나치의 병사마저 용서하였다. 결국은 독약주사에 의해 47세를 일기로 죽음을 맞지만…… 그 빛깔은 글로 나타낼 수 없는 사랑의 빛깔이다.

에로스, 필리아, 아가페, 그 어느 것이라도 좋다. “사랑은 모든 것을 덮어주고, 모든 것을 믿고, 모든 것을 바라고, 모든 것을 견디어 낸다.”(1코린13)고 하였으니 사랑은 ‘우리 삶의 모든 것’이 아닌가 한다.

삶의 마지막에 이르러 행복하다거나 진한 사랑의 빛깔을 닮는 건 보통사람에게는 희망사항인지도 모른다. 그러나 적어도 단풍잎보다 더 아름다운 빛깔일 것을 소망한다. 지금 내가 선 자리에서 최선의 삶을 살 때 해넘이의 노을처럼 아름다운 빛깔을 품을 수 있으리라.

이제는

어제는 선교 음악회에 갔었다. 본당에서 개최하는 행사여서 참여에 더 큰 의의를 두는 터다. 솔직하게 말하면 지금까지 어떤 음악회에도 간 일이 없었고, 가요만 하더라도 노랫말을 처음부터 끝까지 제대로 아는 것은 하나도 없다. 그뿐만 아니라 예능 분야는 감상할 만한 능력도 갖추지 못한 무식쟁이인 셈이다. 그러니 뒷줄에 앉아 조용하게 듣고 마음에 와 닿는 생각들을 뭉뚱그릴 뿐이다.

이날 음악회 프로그램은 대부분 미사곡과 성가로 편성되어 있었다. 미사곡으로는 〈주님 자비를 베푸소서(Kyrie)〉, 〈하늘 높은 데서는 하느님께 영광(Gloria)〉, 〈거룩하시도다(Sanctus)〉 등 5곡, 성가는〈아베마리아〉, 〈신의 영광〉 등 10여 곡, 그리고 우리

가곡으로 〈그리움〉, 〈그리운 금강산〉등이 공연되었다.

2시간 동안 열린 음악회에서는 잡다한 세상사를 잊고 기쁨과 평화 안에서 고운 목소리에 몰입한 시간이었다는 생각이 든다. 출연진의 뛰어난 재능에다 수련을 통해 잘 다듬어져 연주 곡목마다 갈채를 받았다. 내가 음악회에 간 것은 파격적인 일임에는 틀림이 없다.

퍽 오래전에 미술전람회에 초대받은 적이 있었다. 이름난 화가의 그림이 전시되어 있었다. 어떤 것은 화면 전체가 검정색만으로 칠해져 있었다. 잘 아는 분에게 이런 그림은 어떻게 감상을 해야 하는지 물었다. "느낌 그대로 입니다."라는 말을 듣고는 웃었다. 감상은 참으로 어렵다는 생각을 한 적이 있었다. 그러기에 음악회나 각종 전시회를 남 보듯 하는지도 모른다.

가끔 친구들에게 전화를 걸어보면 거의가 바쁘다는 푸념이다. 할 일이 없으면 시간보내기도 힘들 텐데 그래도 다행스런 일이다. 누가 내게 어떻게 지내느냐고 물어오면 '잘 논다.'라고 대답한다. 나이가 들수록 잘 노는 일은 매우 중요하다. 잘 먹고, 잘 놀고, 잘 자는 일이 그리 쉽지 않은 일인데 어떤 이유이든 팔자가 늘어진 셈이다.

요즘은 '여유'라는 말에 퍽 매력을 느낀다. 이제껏 별 소득도 없이 바쁘게만 살아온 일상이 아니었나 싶다. 무슨 뚜렷한 취미생활 하나라도 갖지 못할 만큼 그렇게도 바쁜 날들이었을까. 아니면 게으른 탓이었을까. 모임에 가서 노래라도 부르라고 하면 아는 게 없으니 주눅이 들어 십 리만치 도망을 가고, 그렇다고 바둑이나 꽃 맞추기도 할 줄 모르니 참 한심하지 아니한가. 지금 생각하면 뭐 한 가지에라도 빠질 걸 그랬나 보다.

조용한 저녁에, 가족 모두가 한자리에 모여 차를 마시며, 피아노나 플루트의 연주를 듣거나, 시를 낭송하거나, 명곡을 감상하거나……그런 분위기에 젖어도 좋았을 것 같다.

직장생활을 하면서 남보다 먼저 출근하고, 온종일 일에 묻히고, 오늘 일을 내일로 미루지 않으려고 야근을 밥 먹듯이 하고, 주일이나 공휴일도 반납하고, 그 흔한 휴가 한 번 찾아 쓰지 못하고, 가정은 뒷전이고 몸이 아파도 병원보다는 직장으로 출근한 꽁생원이 아니었나 싶다. 그래도 성실한 사람으로 인정받아 잘 지내왔는지 모르지만 참 멋없고 무미건조하게 살아왔다는 생각을 하게 된다.

이제 늦긴 하였지만 잡다한 속박에서 해방이 되었으니 조금은 자유스러워도 되지 않을까. 어느 날 갑자기 떠나고 싶을 때 배낭을 꾸려 며칠이라도 여행을 다니고, 산 좋고 물 맑은 곳에서 지나온 일들을 돌아보고, 잡다한 소음에서 벗어나는 자유로운 시간들을 꿈꾸어보기도 한다. 물론 여러 가지 제약이 따라 쉽지는 않을 테지만……

어느 친구의 희망사항이 공감을 불러일으킨다.

"어이, 이 친구야! '이제는' 무엇보다도 몸과 마음의 건강을 지켜 가세나. 이제 남은 시간이 얼마나 허락될지는 알 수 없어도 제대로 걷고, 제 손으로 밥을 먹고, 듣고, 보고, 활동하는 게 크나큰 은총이 아닌가. 그리고 정신적으로 온전한 것보다 더 큰 축복이 없네. 온전한 몸과 마음으로 임종을 맞이하는 사람이 과연 몇이나 되던가.

또 '이제는' 무거운 짐을 내려놓고 가볍게 내려 가세나. 이제 재벌이 될 걱정도 없고, 명예라는 것도 떠나버린 지 오래지 않은가. 그 알량한 자존심만 버리면 다 버린 게 아닌가. 사실은 뭐 하나 번듯하게 내세울 게 없지 않은가. 처음부터 빈손으로 왔으니 갈 때에도 손을 펴고 간다네. 이제 해넘이에서 영롱한 노을을 보며 천천히, 그리고 가볍게 걸어 가세나.

그리고 '이제는' 참회하면서 가장 낮은 자리에서 살아 가세나. 이제까지 별로 아는 것도 없는 주제에, 또 나눈 것도 없으면서도 잘난 체 고개를 쳐들고 살아왔지 않은가. 사실은 '사람의 아들도 나는 섬김을 받으러 온 것이 아니라 섬기러 왔다.'고 하지 않았던가. 그리고 '첫째가 되고자 하는 사람은 꼴찌가 되어 모든 사람을 섬기는 사람이 되어야 한다.'는 말을 깊이 새길 필요가 있을 걸세. 더 낮아질 수 없을 때까지 낮추어야 진실한 봉사가 가능한 걸 호스피스 자원봉사에서 체험하지 않았는가."

'이제는' 정신을 가다듬고 멀지 않은 길을 내려다보며 주변의 충고를 경청하고 그대로 따라도 손해 보는 일은 없으리라. 이제, 비록 긴 여정은 아닐지라도 출발선에 서서 어린아이처럼 새 삶의 걸음마를 시작하세나."

여보시게 친구여

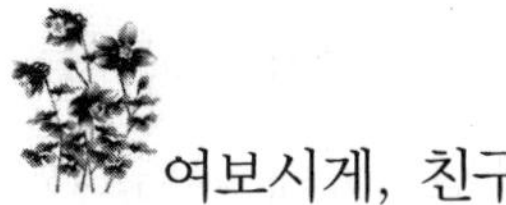

여보시게, 친구여!

무엇이 그리 바빠서 서둘러 가시려는가. 아직은 그래도 젊고, 할 일들이 많이 남아 있는데 말일세. 가을 단풍이 해넘이의 빗살로 곱게 물들이고 있을 때, 울먹이는 목소리를 들었네. "……돌아가셨어요." 한참 동안 수화기를 들고 멍하니 있었다네. 힘들게 투병하셨지만 "역시 어렵구나." 그리고 태어남과 죽음은 인간의 영역이 아님을 보았네. '인간은 반드시 죽는다.' 이는 하나의 진리가 아니던가?

대구대교구 성직자 묘지 입구의 문주에 새겨져 있는 HODIE MIHI, CRAS TIBI(오늘은 나, 내일은 너)라는 라틴어 격언이 떠올랐네. '오늘은 내가 죽어서 여기에 묻히지만, 내일은 네가 죽어서 여기에 묻히리라.' 잘살고 못살고, 빠르고 늦음이 있을 뿐 누구나 가야하는 길임은 분명하네.

여보시게 형, 생각하건대 농촌에서 나고, 자라고, 6 · 25 사변으로 한창 어려웠던 시기에, 어쩌면 사범학교라도 다닐 수 있었던 게 우리에겐 큰 행운이었는지 모른다네. 그래서 같은 길을 택하였고 그 길에 매여 평생을 바쳤었네 그려.

우리는 시내학교에서 무임소(교무 또는 연구주임)여서 자주 만났지. 겉으로는 번듯한 것 같았으나 안으로는 골병이 들었다네. 그때 집사람은 아이들의 대학등록금을 걱정해야 했고, 병원비를 빌려와야 했고, 어떨 때는 양식을 꾸어오기도 했다네. 그런 것도 모르고 술이나 퍼마시고 고개를 쳐들고 살았으니 지지리도 못나고 부끄러운 일이었네 그려. 우리는 그때 학교 일은 물론 교육청의 과제를 받아 밤새워 일하고, 여러 권의 장학자료를 만들기도 하고, 교과서도 집필하고, 시범학교나 연구학교 공개가 있을 때에는 늘 함께 다녔었지. 늘 인정이 넘치고, 사려 깊고, 든든했으니 무얼 더 바라겠는가.

늦깎이로 교육대학도 졸업하고, 대학원도 수료하고 그리고 시간이 흐르면서 교장으로, 전문직으로 자리를 옮겨 많은 에피소드를 남겼지. 불의에 대해서는 지위의 높낮음을 불문하고 타협이 되지 않았지. 정의가 아닌 것에는 완강히 저항하였고, 비리를 보고 울분을 터뜨린 일도 한두 번이 아니었지. 보통사람은 속으로만 생각하고 겉으로는 아닌 척하지만 우리는 불리함을 알면서도 다 털어놓았다네.

형을 생각하면〈그 사람을 가졌는가?〉라는 글을 떠올린다네. "만 리길 나서는 날, 처자를 내맡기고 맘 놓고 갈 만한 사람, 온 세상 다 너를 버려도 '너뿐이야.'하고 믿어주는 그 사람,……온 세상이 '예'하여도 '아니요'라고 가만히 머리 흔들어 충언해 주는 그 한 사람을 그대는 가졌는가?" 많은 친구들에게 형은 그 한 사람의 역할을 해오지 않았나 싶네. 그건 참으로 쉽지 않는 일이네.

정년을 하고 몇 사람이 등산모임을 만들었지. 이 모임은 산행 후 서너 시가 넘어 하산을 하면 늦은 점심에 반주로 곁들인 술이 모두 거나해야 일어섰지. 그래서 '거나회'로 이름지었지. 아마도 이런 이름을 가진 산행모임은 없을 걸세. 사실은 술을 먹었다기보다 서로의 마음을 마신 거라는 변명을 하고 싶다네. 늘 카메라를 들고 와 정상에 선 모습을 담아주는 일을 형이 했는데 이제 누가 해 줄까.

형을 보내면서 이게 기적이구나! 라는 생각이 든다네.

투병생활이 길었지. 공기 맑은 곳에서 요양을 하겠다며 고향에 가서 통원치료를 받으면서 지냈었지. 얼마 전에 문병을 갔을 때 "신앙을 갖고 싶다."는 얘길 듣고 통신교리를 하도록 주선을 했었지. 그 심한 통증을 견디며 틈틈이 문제를 풀어 보내었지. 지금도 병상에 기대어 교리공부를 하시는 모습이 눈에 선하네. 공부를 끝내지도 못하고, 눈 감으시기 10여 일 전에 '보나벤투라'라는 본명으로 영세를 하고, 먼 길 떠나시기 하루 전에 병자성사를 보고……. 이건 기적 같은 일이네. 아마도 그렇게 원하던 세례와 병자성사를 받을 때까지 기다리셨다가 모든 의식을 다 마치고 나서 하늘나라로 모셔간 것 같네.

여보시게 친구여,

입관예절을 하면서 오랫동안 내 손때가 묻은 묵주를 형의 손에 쥐어 보냈네. 그리고 고통 없이 편안한 모습으로 눈을 감으시고 영원한 생명으로 나아간 것이네. 단풍이 곱게 물든 아늑한 유택에 형을 남겨둔 채 돌아오는 버스 안에서 '인생은 짧고 허무하다.'는 생각이 짓누를 때 차창으로 영롱한 저녁놀이 비쳐오더군.

여보시게 친구여,

길이 영원한 안식을 누리시게. 그리고 훗날 우리 하늘나라에서 다시 만나세.

우물쭈물하다가

보도 위를 걷는다. 첫 추위여서 무척 쌀쌀하다. 가로수들도 잎을 다 떨어뜨리고 겨울 채비를 하나 보다. 발밑에는 낙엽이 지천으로 깔려 이리저리 뒹굴기도 하고 밟히기도 한다. 이제 이파리로서의 주어진 임무가 끝났나 보다. 이제까지 그런대로 '성실'하게 살아왔다고 애써 강변해 보지만 '너무나 모자라는 삶'이었다는 걸 부인하지 못한다. 정년을 지내고 또 한 고개를 넘기고 보니 허허함을 느끼기 때문일까? 무엇을 남겼을까?

사범학교를 졸업하고 가히 반세기인 45년간을 교직에 몸담았었다.

어떤 사람들은 한 가지 일에 2, 30년만 정진하여도 달인이니, 석학이니, 인간문화재니 하던데……. 그렇게 오래 교직에 종사했어도 뭐 하나 얻은 게 없다. 사실은 위대한 교육자, 교육 사상가, 교육행정가 등 그런 분들도 적지 않지만 빈곤한 철학에다 이름을 얻을 만큼 노력을 하지 않은 대가이니 순전히 '내 탓이오.'다. 그 긴긴 시간을 남이 하는 대로 뒤좇아 가며 흉내만 내었으니 그럴 수밖에 없지 아니한가?

졸업을 하고서 늘 대학진학의 꿈을 지니고 있었지만 6·25 전쟁 직후인지라 가정사정이 여의치 않았다. 그래서 늦게나마 현직에 근무하면서 교육대학에 부설된 교원교육원을 수료하고 교육대학에 편입하여 졸업하고, 다시 방송통신대학을 거쳐 대학원에 진학하였다. 여기서도 뚜렷한 목표를 가지고 더 열심히 노력한 사람들은 선망하는 대학으로 일터를 옮긴 이도 있었으나 그냥 따라다니다가 졸업하는 것으로 마무리하였다. 그래도 대학진학이라는 그 목표라도 세워두었으니 10여 년 동안 끌고 가는 힘이 되었나 보다. 그러나 학위가 있어도 달라진 것은 아무것도 없다. 오히려 그것 때문에 가족은 힘든 나날을 보냈으리라.

일류 작가가 되겠다는 거창한 목표를 세운 것은 본래 아니다. 오래전 어느 신문에 난 작품공모에 〈딸〉이란 제목으로 수필 한 편을 응모한 게 가작으로 당선되었는데 그걸 계기로 부지런히

공부하고 정진했으면 좀 나았을 텐데 그냥 세월만 보내고 잊고 있었다. 그 후 10여 년이 지나서 ≪월간 문예사조≫에서 신인상과 ≪수필문학≫에서의 추천과정을 거치고서도 쓰는 둥 마는 둥 하고 오늘에 이르렀으니 노력 없는 성공이 있을 수 없다. 소망이 있다면 '글 같은 글, 한 편'을 쓰고 싶은데 속이 텅텅 비었으니 잘 될 리가 없다. 역시 여기저기 기웃거리다가 이 꼴이 되었다. 수필가! 그건 이름만으로서가 아닌 글로 말을 해야 하지 않을까?

'남이 장에 간다고 하니 거름지고 장에 간다.' 는 말이 있다. 사회에 발을 들여놓고 나서 20여 년간 정말 멋대로 살았다. 어느 날 '이게 아닌데!' 하고 정신이 번쩍 들었다. 통신교리를 배우고 영세를 받았다. 지금까지 주일미사를 궐한 적은 없지만 "목숨을 다하고 힘을 다하고 정성을 다하였느냐?"라고 물으면 "예." 할 수가 없다. 자원봉사로 하던 일 중에 애착을 가졌던 호스피스 활동도 제대로 한 것 같지 않고, 십여 년에 걸친 교리봉사도 그저 물에 물 탄 듯 그럭저럭 하였으니 건더기는 없고 셈은 하나마나다.

일찍 철이 들어 이런 생각이라도 하였으면 참 좋았을 텐데 말이다. 어쩐 일인지 늘그막에 지나온 길이 보여 정신을 차렸다고 새 일을 벌인다는 게 오히려 짐이 된다는 생각이다. 어쩌면 나서지 않는 게 도움일 거란 생각이 짙게 깔린다. 뿌린 대로 거둔다는 말이 진실임에 틀림이 없다. 반세기를 머문 직장도 시간만 흘려보냈고, 괜찮은 글 한 편 쓰지 못하고 주변만 맴돌았고, 믿음도 겉만 핥다가 땡하고 마침 종을 칠 때가 가까워졌다.

주어진 소명을 잊고 허투루 살아온 때문이 아닐까?

우물쭈물하다가 이렇게 되어버렸으니 누구를 원망할 일이 아니다. 잘 살지 못해서 비록 남길 것은 없다 할지라도 이 길을 헉헉거리면서 탈 없이 건강하게 걸어왔으니……. 이제 남은 시간만이라도 가벼운 걸음으로 하산하는 기쁨을 맛보고 싶다. 그리고 하얀 도화지의 여백에다 '감사합니다.' 라는 글을 쓰고 분명하게 마침표(.)를 찍으리라.

강찬중의 수필 세계

큰 바위 얼굴로 살아온 삶

이동민(수필평론가, 수필가)

큰 바위 얼굴로 살아온 삶

이동민(수필평론가, 수필가)

1

수필집을 읽으면 작가의 내면세계를 엿볼 수 있다. 한 사람의 인격체로서, 오늘의 작가가 태어나기까지 걸어온 인생 여정을 들여다볼 수 있다. '글은 곧 사람이다.'라는 명구를 생각하면 글은 곧 그 사람을 말하는 것이며, 동시에 사람의 인격이 바로 작가의 작품 세계를 형성한다.

강찬중 선생님을 오래전부터 알고 지냈기 때문에 그의 인간적인 면모를 조금은 안다고 믿고 있다. 대할 때마다 선비의 풍모를 느낀다. 외양에서 느끼는 풍모가 반드시 내면세계와 일치하는 것은 아니다. 내면을 이해하는 가장 좋은 방법은 작가의 수필을 읽는 것이다 수필은 그 사람의 인생이 기록되어 있고, 삶의 방식이, 세상을 바라보는 시선이 표현되어 있다. 따라서 한 사람의 인격이 형성되는 과정과 그 사람의 본성이 가장 잘 드러난다.

넓은 횡단보도에 섰다. 빨강불이 켜져 있는데 한참을 지켜보았는데도 바뀔 줄 모른다. 어떤 사람이 가까이 오더니 '신호등이 고장난 것 같으니 잘 보고 건너세요.'라고 일러 준다. 오랜 시간 서 있는 게 보기에도 민망했던가 보다. 지금까지도 그렇게 바보처럼 융통성 없이 살아왔으니 어디 쉽게 바뀌지랴.

– 〈아침은 소리로 열린다〉 중 일부

새벽길을 걸으면서 신호등이 바뀌기를 기다리는 모습에서 우리는 작가가 이 세상을 어떻게 살아왔는지를 느낄 수 있다. 이 글에서 작가는 자기의 삶에 회의를 하면서도 자기가 옳다고 믿는 것에는 절대로 바꾸지 않는 고집 같은 것을 느낄 수 있다. 이것이 바로 강찬중이 세상을 살아가는 방식이고, 이것으로 세상을 바라보는 그의 내면을 볼 수 있다. 이것이 바로 강찬중의 인격이다. 이것이 바로 강찬중의 글에서 일관되게 흐르는 이념이다.

2

강찬중 선생은 고향이 안동이므로 그의 인격의 바탕을 이루는 것은 막연히 선비정신일 거라고 생각하였다. 수필집 ≪느끼며, 살며≫를 읽고 느낀 것은 일관되게 흐르고 있는 정신도 역시 선비 정신이라는 확신을 하였다.

무궁화 2호차, 32호석. 지정석이다. 어디서 타고 왔는지는 알 수 없어도 한 아주머니가 두 자리를 차지하고 길게 누워 자고 있지 아니한가. 어찌할까? 잠든 사람을 깨워서 '이 자리는 내 자리요!' 하고 말할 용기가 나지 않는다.

– 〈빈자리〉 중 일부

고향으로 가는 기차를 타고 자기 자리를 찾아가니 낯선 사람이 자리를 차지하고 누워 있었다. '자리를 비켜 달라.'고 말하지 못한다. 나는 이 이야기가 강찬중이라는 사람의 내면의 인격을 가장 잘 말해준다고 생각하였다. '내 자리인데도 말하지 못하는—' 이것은 강찬중이 이 세상을 살아가는 방식을 은유하고 있다. '마침 빈자리가 있어서 거기에 앉았다.'라고 하였다. 남에게 싫은 소리를 못하는 성격의 일면을 보여준다. 내가 불편하더라도 싫은 소리를 하기보다는 내가 감내한다. 이것이 강찬중의 수필세계가 보여주는 하나의 흐름이다. 그는 안동이 고향이고, 시골에서 자랐다는 것만으로도 그의 인격의 바탕에는 안동의 선비 정신이 알게, 모르게 깔려 있다.

고샅길에 들어서면 어머니가 생각난다. '고향은 어머니이고, 어머니는 사랑이다.'라는 방정식을 갖고 있다. 살아계실 때 객지에 사는 아들이 집에 다니러 간다고 연락을 드리면 어머니는 언제나 고샅길에 나와 계셨다. 아들을 보면 힘 빠진 주먹으로 자식의 가슴을 두드리며 "왜 이리 늦었노?" 하시던 모습이 선하다. 그리고 손수 메밀묵과 국수를 만들어 내오시곤 하셨다.

—〈고향 역에서〉 중 일부

고향과 어머니는 강찬중의 가슴속에서 단순히 향수의 대상이 아니다. 강찬중은 어머니를 '사랑'이라고 힘주어 말한다. '사랑'은 강찬중의 작품 세계를 이루는 또 하나의 축이다. 고향과 어머니는 강찬중에게 강한 의미를 지닌 것으로 해석할 수 있다. 일찍 고향을 떠나서 객지를 떠돌면서 인간사의 냉혹함을 맛보고, 느낀 회한이 서려 있다. 인간사의 쓰라린 일들을 그는 사랑으로 수렴하여 포용한다. 사랑의 뿌리가 작가에게는 바로 어머니이었다. 작가는 그 사랑을 가톨릭이라는 종교적 사랑으로 승화시켜 이웃들에게 되돌려 주었다.

작가는 산행을 하면서 인생의 의미를 깨닫는다. 더욱이 산에서 만나는 물에서 많은 것을 배운다. 물이 바위를 만나면 돌아서 가는 것에서 삶의 지혜를 배운다.

그는 입이 좁거나 넓거나 목이 길거나 짧거나 어떤 모양의 그릇도 다 수용하고 안긴다. 어디 그뿐이랴. 가없이 넓고 큰 바다도 그득하게 메운다. 인간이 어찌 그 포용력을 따라갈 수 있으랴.

—〈물 그리고 그 소리〉 중 일부

이 세상의 모든 것을 수용하는 물 같은 삶을 살아가는 것이 그가 지향하는 가치관이다. 그래서 그는 바뀌지 않는 신호등 앞에서 묵묵히 기다리고 있었다. 물처럼 살고자 하는 그의 염원이 작가의 인생 여정을 결정하였다.

물의 수용력을 인간이 따라가기에는 너무 벅차다. 그래서 그는 물의 포용력이라는 가치관을 설정하고 끊임없이 반성하고, 자기 성찰을 하면서 자신의 삶을 꾸려가고 있다.

> 친구의 점심 초대에 '그래 좋다.'고 했다. 그 친구는 사범학교 동기생이기도 하지만 교직 끝 무렵 항구 도시에서 같이 근무하였고, 서로 비슷한 아픔을 가슴에 지니고 살아가고 있다. 벌써 스무 해쯤 흐른 일이지만 결혼을 해서 비둘기처럼 가정을 꾸리고 살던 외동(맏)딸을 멀리 하늘나라로 보낸 같은 처지여서 여느 때든 눈빛만 보고도 그 마음을 읽는다.
>
> – 〈작은 행복이 눈짓을 할 때〉 중 일부

강찬중의 작품에 등장하여 그와 교유하는 사람은 거의가 교직 생활을 같이한 분들이다. 그는 사범학교를 졸업하고 평생 동안 교직 생활을 하였다. 현직에 있을 때는 말할 것도 없고 은퇴를 한 후에도 교직에 계시는 분들과 친분 관계를 맺고 있다. 그는 친구를 만나는 것만으로도 행복을 느낀다.

사범학교와 교직 생활 ―. 이것은 작가가 사회를 바라보는 시선의 방향에 절대적인 영향을 미친다. 그의 수필에서 면면히 흐르는 가치관은 사범학교와 교직에서 얻은 가치관이 그대로 반영되어 있다. 어쩌면 보수적 사고가 너무 경직되어 있다고 할 만큼 강찬중의 작품 세계를 지배하고 있다.

> 길을 가다가 보면 한두 사람 2, 30대 청년이 담배를 피면서 나이 많은 사람을 보고도 거침없이 담배를 입에 물고 지나간다. 잠시 감추는 모습이라도 보여주길 희망하지만 허탈감만 더할 뿐이다. 아직 우리의 예의범절은 애비와 자식이 마주 앉아 담배 피우는 풍토가 아니지 않는가.
>
> – 〈그래도 세상은〉 중 일부

2, 30대라면 성인이다. 그의 눈은 학생이 아니고 성인이 어른 앞에서 피우는 담배도 용서되지 않는다. 강찬중의 지적은 백 번 옳다. 그러나 세상은 젊은 세대의 희박해진 경로심만큼이나 나이가 든 세대도 '세상이 그러려니.' 하고 못 본 체한다. 그러나 작가는 날을 세워 비판한다. 여기에서 더 나아가서 공직자의 비리, 도덕성을 상실한 정치인 ---, 등등, 사회 전반에 만연하고 있는 비윤리적인 행위들을 지적하였다. 더욱이 노부모도 팽개치는 시대 풍조를 선비 정신의 붕괴에서 원인을 찾는다. 이것은 '돈이면 다 된다는 생각' 즉 자본주의에서 그 원인을 찾으면서 사회를 비판한다.

운동화를 신은 젊은이 몇몇이 구슬땀을 흘리며 가뿐하게 산을 오르는 붉게 상기된 모습을 보면서 찢어진 청바지에 쉴 새 없이 걸고, 받는 휴대폰---. (이런 젊은이에 비하여) 참으로 믿음직스럽고 산뜻하다는 느낌이 오래도록 지워지지 않는다.

– 〈나이〉 중 일부

이 글에서 우리는 작가의 의식 세계를 단적으로 들여다볼 수 있다. '땀 흘리는 젊은이'에게는 후한 점수를 주면서, 대신에 요즘에는 보편화되어 있는 젊은이의 문화를 부정적으로 보고 있다. 나는 이것을 사범학교와 교직 생활이라는 작가의 인생행로가 부여한 가치관이라고 믿는다. 더 근본에는 전통을 지키면서 근면하게 살기를 강조한 안동의 선비정신을 보여주고 있다.

예전에 읽은 강찬중의 수필에는 일찍 세상을 등진 맏딸에 대한 애도를 다룬 글이 여러 편이나 있었다. 읽을 때마다 가슴을 찡하게 해 주었다. 이번 수필집에도 딸에 대한 애도의 마음이 그대로 간직되어 있었다. 어쩌면 이 마음이 그가 수필을 쓰도록 하는 감성의 뿌리가 되었는지 모르겠다. 그가 가톨릭에 귀의하면서 사랑을 베푸는 승화된 삶을 살아가게 한 뿌리가 되었는지 모르겠다. 그렇다면 딸의 죽음은 작가에게 헛되기만 한 것은 아니었을 것이다. 딸이 아버지에게 선물을 주고 간 것일 수도 있다.

그래도 취기가 오르면 저절로 가슴이 열리고 눈에서는 이슬이 맺히곤 한다. 친구들은 '이제는 잊게나!' 한다. 그래서 '무덤의 가장자리에 꽃나무를 심었으면 했다. 그 후 한 친구는 여러 포기의 철쭉꽃을 심어 주었고, 오늘은 동백나무 세 그루가 심겨졌다는 전화다.

– 〈그래도 향기 나는 세상인 걸〉 중 일부

이 글을 읽으면 가슴이 가득해져 오는 것을 느낀다. 슬픔과 흐뭇함이라고 할까. 아직도 슬픔이 가득한 아버지의 애도하는 마음을 읽었기 때문이다. 친구가 베푼 따뜻한 사랑을 읽었기 때문이다. 주변의 지인들이 작가의 슬픔을 조금이나마 덜어주려고 동산공원에 있는 딸의 무덤에 꽃나무를 심어주는 모습이 독자의 마음에도 향기를 심어주기 때문이다. 이것은 작가가 주변의 사람들에게 아름다운 향기를 피웠기 때문에 그들도 작가에게 향기를 되돌려 주었다.

그렇다고 하여 작가는 주변에 사랑을 베풀고, 향기나 피우면서 성자처럼 살아가는 것은 아니다. 소시민의 생활인이 살아가는 방식대로 이 세상을 살아간다. 다만 다른 점이라면 자기를 들여다보고 자기 반성을 하면서 스스로를 아름답게 가꾸는 일에 게을리하지 않는다.

어느 날, 할인점 앞을 지나다가 어항 옆에 둔 손녀의 풍란이 생각났다. 꽃도 피워보지 못하는 안타까움에 분갈이나 해 주려고 구석진 조용한 꽃집에 들렀다. 며칠 전에 산 것과 똑같은 난석이 1,500원이란다. 순간적으로 비싸다는 느낌이 들어 얼마 전에 천 원에 샀다고 말해 버렸다. 종업원 아가씨는 난처한지 아무 말도 하지 않고 포장된 난석을 들고 멍하니 서 있었다.

– 〈난석을 사며〉 중 일부

이 글에서는 소시민으로서 노후를 보내는 모습이 선하게 떠오른다. 천 원과 천오 백 원이라는 돈의 액수에서 비싸다고 항의하는 것까지 평범하게 살아가는 사람들의 모습이다. 손녀를 위해서 꽃집에 들르는 마음씨 좋은 할아버지는 오백 원 때문에 종업원 아가씨를 타박하고 나서 이내 후회한다. 이런 것이 강찬중의 내면에서 풍겨 나오는 향기이다.

며칠 후에 10여 장이 넘는 종합건강검진 결과표를 보면서 의학 전문용어로 풀이되어 있어서 내 상식으로는 이해하기 힘든 데가 많았다. 그러나 그 중에 '조기 위암 의심 소견'이 눈에 띄었다. 자세히는 모르지만 암이라면 암 = 항암제 = 고통 = 죽음의 등식이 떠올랐다. 그러나 '그것 때문에 칼을 댔는데 설마 또 그럴리야.' 하고 대단찮게 넘겼다.

– 〈친절 그 한 마디〉 중 일부

작가는 위암으로 수술을 받았다. 별 탈 없이 잘 지내고 있는데

검진 소견에 '조기 위암 의심'이라는 진단을 받고 내시경 수술을 받았다. 여기서 우리는 작가의 노후가 무사태평하게 지내는 것이 아님을 알았다. 불치의 병이라는 암의 치료를 받았음을 알았다. 누구든지 암이라는 진단의 결과를 듣고 나면 자신의 삶을 되돌아보고, 삶의 방식에 대하여 다시 한 번 생각을 해 볼 것이다. 그는 그 심경을 담담하게 서술하였다. 그러나 이 일이 강찬중의 노후 생활에 커다란 영향을 주었다고 생각한다. 우선 친절을 언급하는 글을 읽어 보자.

> 환자는 병에 대해서 모르니까 불안하다. 상대편을 배려하는 말이 병을 낫게 하지는 못할지라도 환자도 병에 대하여 자세하게 알고 인간적인 대접을 받아야 할 권리가 있지 않는가.
>
> — 〈친절 그 한 마디〉 중 일부

병원에서 진료를 받으면서 의사의 불친절에 인간적인 모욕감까지 느꼈다. 생명을 위협하는 큰 병을 경험하면서 삶의 방법에서 '친절'이라는 것을 뼈아프게 체험하였다. 이 경험은 작가의 노후 생활에 커다란 영향을 주었다.

수필집 ≪느끼며, 살며≫는 작가의 노후를 보여주는 글로 채워져 있다. 수필집에 배어 있는 향기는 작가가 여기까지 살아오면서 베푼 향기가 글을 통하여 다시 독자에게 돌려주는 것이다.

우리는 이처럼 삶의 여러 경험들이 축적된 노후에서야 '사는 법'을 깨닫는지 모른다.

지금까지 겉으로는 너무 바쁜 걸음으로 살아온 것 같다. 친구들에게도 가끔 전화를 해보면 다들 바쁘다고 한다. 직장을 떠나고도 할 일이 많으니 퍽 다행한 일이다. 그러나 아무리 바빠도 눈, 입, 손이 각각 다른 일을 할 수도 없고, 그리고 바쁘게 일한 만큼 보상이 주어지는 것도 아님을 잘 안다. --- 어쩌면 사람들은 욕심이 지나쳐 자기 인생에서 고역을 자초하는지도 모른다. 무엇을 이루려 하더라도 적당한 선에서 만족하는 지혜를 배워야 할 것 같다.

– 〈사는 법〉 중 일부

그가 깨달은 사는 법은 지극히 간단하다. 그러나 '적당한 선에서 만족하는 지혜'는 유가들이 말하는 '분수'를 아는 일이다. 수필집을 읽어 보면 고향이 안동이라는 것을 알 수 있지만 유가의 법도를 전면에 내세운 글은 없다. 가톨릭의 신앙생활을 내세운 글은 많다. 그러나 나는 그에게서 선비 정신을 느끼는 것은 몸에서 스며 나오는 선비의 생활 철학이 그의 사는 법을 형성하고 있기 때문이다.

어찌 보면 지위나 명예나 돈은 아무 소용이 없다거나 쳐다보지 말고 아래만 보고 살아가라는 말은 아닌 듯하다. 제

분수를 알고 지나친 집착에서 자유로워지라는 말로 들린다.

– 〈산다는 것 그 의미〉 중 일부

나는 이 글을 읽으면서 작가를 가톨릭 신자이기보다는 안동을 고향으로 하여 어릴 때부터 몸으로 익힌 전통적인 유학 사상이 정신세계에서 차지하는 영역이 더 넓다고 느꼈다. '분수'는 바로 선비들이 살아가는 삶의 방식이기 때문이다.

작가는 '바쁘게 사는 것만이 전부가 아니다.' 라고 말한다. 여유를 가지고 자신도 돌아보면서, 이웃도 또한 살펴보자고 하였다. 그는 죽음 앞에서 고통스러워하는 사람을 만나면서 '나는 이웃을 위하여 어떻게 할 것인가?'하는 질문을 던진다. 이웃에게 사랑을 베푸는 삶이 작가의 노후 생활에 하나의 일상을 이루고 있다. 그는 사랑이라는 가톨릭의 생활 신앙을 받아들임으로 자신의 삶을 승화시킨다.

회갑 때 딸이 마련해 준 돈으로 이집트와 이스라엘에 성지 순례를 떠났던 부부의 이야기를 듣고 자신의 생활에 깨달음을 얻었다. 그리고 이웃에 대한 사랑을 이야기한다. 그 부부는 시나이 산에서 남편이 위급한 상황에 처하였다가 생명을 잃는다.

같이 온 건장한 사람들은 하산을 도와 빠른 시간 안에 치료를 받게 해 줄 수는 없었을까? 쓰러진 사람을 외면하고 정상에 올라 하나님께 예배를 드리면 '잘 했다.' 하시면서 그 예배를 즐겨 받으실까?

— 〈이웃을 위하여〉 중 일부

그는 이 이야기를 통해서 자신은 어떻게 살아왔는가를 자책한다. 그는 인간의 삶을 물로 수렴하여 생각하였다. 물의 덕을 받아들이자고 주장하였다. 등산을 하면서 '산과 물'을 통하여 인간이 살아가야 할 법도를 찾았다. 이로써 작가의 노후 생활에 '호스피스 봉사 활동'이 무거운 비중을 차지한다. 강찬중의 가슴속에서 키워지고 있던 사랑이 죽어가는 사람을 편안하게 해줌으로 이웃에게 사랑을 실천하는 방법을 찾게 된다. 그는 인생의 마지막을 어떻게 장식해야 하는가를 깨닫고, 실천한다.

산행에서 정상에 오르는 것보다 더 중요한 것은 하산하는 일이 아닐까 한다. 어떤 분이 겉으로 보기에는 성공한 인생이었다. 명예가 최고의 경지까지 올랐다. 어렵게 오른 그 자리를 내놓고 엉금엉금 기어서 내려오는 모습은 한 편의 희화처럼 느껴진다.

— 〈하산 길에서〉 중 일부

작가는 스스로가 정상을 지나서 하산 길에 들어섰음을 잘 알고 있다. 그는 하산하는 길이 더 중요하다고 말하면서, 하산할 때의 태도를 우리에게 가르쳐주고 있다. 나는 작가의 말에 전적으로 공감한다. 그러나 아는 것과 실천하는 것은 다르다. 나는 아는 것뿐인 듯하여 부끄럽다. 작가가 택한 하산 길은 가톨릭의 사랑을 몸소 실천하는 일이다. 그는 호스피스 봉사 활동에 참여함으로 이웃에게 사랑을 베푸는 일을 하산 길에서 할 일로 선택하였다.

> 첫 만남의 과제는 환자와 대화를 트는 일과 침상 주변의 청결이었다. --- 수염이 자라면 면도를 해주기도 하였다. --- 마음의 빗장이 열리는 듯하였다. 믿음이 가서인지 아니면 머리가 하얗게 된 노인이 수발하는 게 미안하였던지 이제는 병실에 들어가 손을 잡으면 눈인사도 하고, 아주 작은 목소리로 '수고하셨어요.'라고 고마움을 나타내기도 하였다.
>
> – 〈그 만남〉 중 일부

그의 말마따나 머리가 하얀 노인이 죽음을 앞둔 환자를 수발하는 일은 성스럽기조차 하다. 그것은 단순히 '봉사'하는 것만으로는 실행하기 어렵다. 인간에 대하여, 이웃에 대하여 마음에서 우러나오는 신뢰와 사랑이 있어야 가능하다. 작가는 자신의 노후를 이웃을 사랑하는 삶으로 승화시켰다.

하산 길에서 그가 나누어 주는 또 하나의 사랑이 있다. 손녀 선영이와 사랑을 나누어 먹는 일이다. 그는 선영이와 즐겁게 시간을 보내는 것을 '놀다.'라고 표현하였다.

> 가끔 친구들에게서 전화를 받는다. 정년퇴임을 한 지도

수년이 지났으니 서로의 안부나 묻고 어떻게 소일하고 있는지 궁금하기도 하여 걸려온 전화들이다.

"요즘 어떻게 지내나?" 대답은 늘 하나다.

"자알 놀지!" 하고 웃고 만다.

어쩌면 해학적이거나 비아냥스레 들릴지 모르지만 사실이니 어쩔 수 없다. --- 논다는 것은 사전적인 해석이 아닌 '애기 시중을 들며 한가하게 있다.'는 뜻으로 한 말이다.

– 〈잘 놉니다 · 1〉 중 일부

그는 노후 생활을 '놀다.'라는 말로 압축하여 표현하였다. 그의 말마따나 '논다.' 는 말에는 여러 가지 뜻을 상징할 수 있다. 그는 '일하다.'에 대한 반대의 뜻으로 해석하였다. 따라서 '놀고 있다.' 라는 말에 약간의 죄의식을 느끼는 듯한 뉘앙스를 띄고 있다. 왜냐면 그는 흔히 '잘 놀다.'라고 하면 일반적으로 좋은 의미로 보지 않는 것 같다고 하였다. 이러한 사유를 하게 된 이유에는 그가 살아온 삶이 반영되어 있다. 일을 한다는 것은 그가 살아오면서 가족의 부양을 위해서도, 그가 어릴 때부터 익혀온 윤리적인 가치관을 평생 동안 지니고 살아왔기 때문이다. 그렇지만 그가 내린 결론은 '한가하게 잘 지내고 있다.'라고 하였다.

수필집 4부는 〈잘 놉니다〉라는 소제목을 붙여서 손녀 선영이와 맺고 있는 사랑의 끈을 다루고 있다. 여기서도 자신의 노후를 '분수'라는 가치관으로 소박하게 받아들이는 모습을 보여준다. 세상의 더러운 티가 조금도 묻어 있지 않는 손녀와 사랑을 나누기 위해서는 자신도 어린아이처럼 순수해져야 한다. 우리는 작가가 어린아이처럼 선한 마음으로 노후를 보내고 있는 모습을 만날 수 있다.

5부는 작가의 신앙생활을 보여준다. 그리고 조용하게 자신을 돌아보면서 글을 마무리하였다. 작가는 암이라는 병에 시달리기도 하였고, 가까운 지인을 먼저 떠나보내는 마음의 고통도 맛보았다. 죽음을 앞둔 사람을 도와주면서 담담하게 살아가는 모습도 보인다.

> 가로수도 잎을 다 떨어뜨리고 겨울 채비를 하나 보다. 발밑에는 낙엽이 지천으로 깔려 이리저리 뒹굴기도 하고 밟히기도 한다. 이제 이파리로서 주어진 임무가 끝났나 보다. 이제까지 그런대로 '성실'하게 살아왔다고 애써 강변해 보지만 '너무나 모자라는 삶'이었다는 걸 부인하지 못한다. 정년을 지내고 또 한 고비를 넘기고 보니 허허함을 느끼기 때문일까?
>
> -〈우물쭈물하다가〉 중 일부

작가는 지금의 심정을 이렇게 표현하였다. 수없이 많이 달려있는 나무 이파리는 작은 몫이지만 나무라는 큰 둥치를 지탱하는 데 꼭 필요한 존재이다. 그는 하나의 이파리이지만 이 사회가 존재하는데 '성실'하게 자신의 역할을 다 하였다고 자부하고 있다. 그러면서도 허허함을 느끼는 인간이라면 누구나 느끼는 감정이 아닐까?

3

강찬중의 수필집을 읽으면서 마치 잔잔한 호숫가를 거니는 듯한 기분을 느꼈다. 노후의 삶이 따사롭고 평화로워서였다. 그러나 다시 읽어 보면 그는 인생살이에서 누구보다도 더 심한 아픔을 겪었다. 그가 겪은 아픔이 어느 누구보다 못하지 않았다. 물이 주변의 환경을 묵묵히 수용하듯이 그는 자신에게 닥친 운명을 묵묵히 받아들였다.

오늘의 노후가 평화롭게 보이는 것은 물이 바위를 만나면 돌아서 가는 지혜를 터득하였기 때문일 것이다.

그는 선비 고을인 안동에서 태어나서 알게 모르게 '분수를 지키고 살아라.'라는 유가의 가르침을 몸으로 받아들였다. 사범학교를 졸업하고, 교직에 봉직하면서 철저한 윤리관에 사로잡혔다. 가톨릭에 귀의하여 신앙생활을 함으로써, 또한 그것을 생활에서 실천함으로 그가 부딪힌 어려움이나 아픔을 견딜 수 있었다.

그는 맏딸을 일찍 잃은 슬픔을 평생 가슴에 안고 살아가고 있다. 위암을 앓으면서 그는 죽음을 깊이 생각해 보았을 것이다. 그가 쓴 수필에는 그 문제는 거의 다루지 않고 있다. 그러나 이웃에 대한 사랑과, 죽음을 앞둔 사람에게 봉사함으로 자신의 아픔과 두려움을 잊었을 것이다.

그는 노후를 무욕의 삶으로 보내고 있다. 해맑은 어린 손녀와 더불어 천진무구하게 살아가는 모습은 도가적이기도 하고, 불교적이기도 하다. 이러한 삶의 모습이 수필에 그대로 투영되어서 그의 작품 세계를 구성하고 있다.

강찬중 수필집

느끼며 살며

인　　쇄 : 2011년 7월 25일
발　　행 : 2011년 7월 30일

지 은 이 : 강 찬 중
펴 낸 이 : 서 정 환
펴 낸 곳 : 수필과비평사

출판등록 : 1984년 8월 17일 제28호
주　　소 : 서울시 종로구 익선동 30-6
운현신화타워 빌딩 2층 207호
전　　화 : (02) 3675-5633, (063) 275-4000
팩　　스 : (063) 274-3131
이 메 일 : sina321@hanmail.net
essay888@hanmail.net

정가 10,000원

ISBN 978-89-5925-880-2　03810